JN438355

초인의 노래

채수영 제29시집

도서출판 천우

● 앞의 글에서

슬픈 초인의 운명

시가 오는 골목이 있다면 아마도 붐빌 것이다. 세상에는 많은 길이 있지만 정작 자기가 찾는 길은 어디에도 없는 것이 삶이라 말한다. 남의 길을 따라가면 아류(亞流)가 되고 이는 뒤쳐진 운명을 감내하는 문패가 초라해진다. 그러나 자기의 길을 확보한 사람은 시련과 고통의 벌판을 지나 성주(城主)로 당당한 자기의 운명을 이끌게 된다. 시인의 길도 다를 바 없을 것이다.

이전 시집 『광인의 콘서트』 612수는 지난 1년 동안에 쓴 작품이다. 그 이후에 다시 새로운 기록-이 노릇이 무슨 의미가 있을까만, 목표를 정하고 슬픈 초인의 운명을 감내하고 싶다. 양과 질은 상관이 없을지라도 할 수 있는 진력(盡力)에 내 운명을 걸고 내기를 하고 있다. 어찌될 것인가? 내가 나를 바라보고 있다.

2017년 5월
문사원에서
오골성주

C o n t e n t s

Contents

제3부 슬픔을 넘어

제4부 풍편 여행

제5부 풀꽃의 노래

제6부 외로움을 묻거든

Contents

제7부 종이비행기의 꿈

제8부 전설은 종을 울리지 않는다

제9부 길을 묻는 슬픔에게는

제10부 그대, 봄날에 꽃이듯

C o n t e n t s

제11부 슬픈 사람들을 위한 조언

제12부 부채에 그린 바람

제13부 슬픔이 길을 묻길래

제14부 젊은 날은 갔는데

Contents

제15부 바람 잡기

제16부 갈증 납품

제17부 아름다움도 서러움이라

제18부 노래여, 돌아오라

Contents

제1부

노래를 하늘에 날리면

노래를 하늘에 날리면

노래를 하늘에 날리면
창궁(蒼穹) 깊이로 날아
도착하는 꿈이 보이는데
붙잡으려 손을 뻗으면 이미
길 떠난 이유를 묻지 말라고
호소로 표정 짓는 뒷자락
낯선 나그네로 다가든다

노래야 떠나면 그만이지만
마음 무게를 이기지 못하는
사연은 갈 곳 몰라
하늘 푸름은 손짓으로
이름을 부르는 시늉
노래를 그리워하는 이유는
다다를 수 없는 거리에서
춘향의 이별이 흔들리고
기다림이 서성이고 있네

2017. 2. 25.

너는 거기 있어 아름답다

너는 거기 있어 아름답다
이 만큼 나는 너를 바라보고
그리움 채색된 어딘가 멀리
보는 것으로도 좋은
너는 거기 있어 더 좋은
떠나지 말아라 거기쯤에서
숲으로 들어간 우리들 인연
나래를 달아도 못 미칠 숨결은
숲에 파묻어 두고
거기쯤에서 기다려라
만나서 이유를 말하리라

2017. 2. 26.

우리들의 꿈은 어디로 갔을까

보이는 것보다 보이지 않는 것이
더 많은 세상 하늘로 날려 보낸
우리들 꿈은 어디로 갔을까
강물은 저렇게 홀로 흐르는데
깊이 모르는 그대 마음
푸른 이유로 흔들리는 숲에
이르면 만날 수 있을까
홀로 남겨둔 외로움이
강물 따라 가겠다는 조바심
소리로 우는 반짝이는 시름
어디로 가는가를 묻는데
대답이 없어 검문 중

2017. 2. 26.

나무의 변신

나무는 늘상 하늘을 받들어
푸른 정기를 받아
붉은 꽃, 하얀 꽃, 노랑에
온갖 색색으로 변신하느라
하루 종일 힘들겠지만
좋아 하는 일이라 아픔 속에서
아름다움을 만나는 분명
의미 있는 길이라 세상을 즐겁게
꾸미는 임무가 존경스럽다
기껏 불평과 말 많은 종일 하루
한 가지 일에도 대가를 바라는
이기심으로 부풀어 켜켜
누더기 초라가 슬픈 이유에는
강물만 흐른다

2017. 2. 27.

깜박 그리고 망각

나이 깊어 깜빡 깜빡 기억이
옛날 알전등 그러했듯 이젠
네거리에서 멈추라 잠시
문득 떠오르는 기쁨이사
찾아온 마중이 좋은 것도
체념 엮어 뒤로 보내노라면
오늘은 비로소 깊어도 좋은
이유 하나를 찾아 길을 나선다
껌벅 껌벅 다시 찾아 올
그런 손님이라 해도 항상
반가워 참으로 반가워라
이렇게 사는 것도

2017. 2. 27.

나무에 대한 명상

비바람 눈보라 작열하는 태양
어둠 익어 천지분간 힘겨운
슬픔과 괴로움 안으로 삭인
인고(忍苦) 두꺼운 날들을 지나
곧게 서 있는 나무 한그루
푸른 잎과 거기 다시 열매는
기쁨이로다 아름다움이로다, 해도
불평을 들었는가 만족을 말하던다
세상 사람들 즐거움만을 위해
그렇게 사는 것에 누가 또한
칭찬을 했던가 상장을 주던가
침묵만의 그늘 아래로 여름은
푸르른 이유가 따라가는 것을

2017. 2. 28.

봄소식 앞에서

겨울이 가는가 했더니
땅 속에서 꼬물꼬물
마중길이 바쁜 날은 어김없이
햇살이 웃느라 흐드러진
세상은 저마다 데모천지라
그나마 땅속에서 오는 아우성은
신기하고 대견하기 흥미로운데
거리를 휩쓰는 큰소리 아우성
억지들을 바라보느니 차라리
눈을 감아 땅속의 소식을
듣는 것이 좋아도
훨씬 좋다

2017. 3. 1.

좋은 소식이면

삼월이 오니 마음 바빠진다
엄동(嚴冬) 떨치고 일어나는
분주가 보이고 느껴지고, 하긴
남 따라 바빠지는 것도
이유 모를 즐거움이라 그냥
돌아보기로 작심하고 길을
따라가려다 한참 뒤에 또
뭔 일 있는가 돌아보니
겨울 견딘 땅에서 나온
싹들이 전하는 소식이 재밌어
귀를 세우고 보는 것이
좋아 마냥 신기하고

2017. 3. 2.

알림장

틀림없이 갈 것이다. 어딘가는
말 못할 약속이지만 홀연
바람의 뒷자락을 따라가는 때
무엇을 남길까 갖고 있는 것은
마음 자락에 딸린 아쉬움이
아무도 모르는 비밀처럼
두꺼운 책의 내용이
처음부터 끝까지 모두
그리움 뿐인데

잠시 애도하리라. 하면 그것도
얼마 후면 태연한 척 사라지는
오로지 그림자의 자취 있던가
마음 내려놓고 지금부터
되풀이 가벼운 연습으로
표정을 지우는 일을 준비하지만
불시에 찾아오는 보고픔을
그림으로 그려놓고 자주 자꾸
재촉으로 다가드는 그리움에겐
무어라 변명을 알릴까

2017. 3. 3.

긴 사설 줄이기

가볍게 말해서
많은 말 줄이기다
자꾸 늘어나는 꼬리를
자르려 열심히 노력해도
또 자꾸 따라오는 일이 귀찮아
이젠 깨달을 때도 되었으련만
막무가내로 달려드는 속성을 알아
몰래 비수를 들고 숨어 있다 불시에 싹둑
잘라내어 길에 버리면 용케도 세포분열을
산술급수로 늘이는 가상함에 놀라 그만
포기각서를 제출하고 함께 잘 살아보자
설득하는 일이 하는 일의 전부라 생각하니
가슴이 답답한 병명을
어디에서 치료를 받을까
누구 알려 주십시오

2017. 3. 3.

제2부

사랑했던 날들 앞에서

이별조로

그림자를 남겨놓고 왔던 길을 가버렸네
절룩 걸음에 아쉬움 목맨 사연 뒤따르고
남겨진 정적을 위로하는 뜻은
푸른 날들을 바라보는 이별이네

아우성이라 흐르는 길을 몰라
이리저리 방황의 소리 높이는
우리들 꿈은 모조리 날아갔고
서성이는 노래는 하늘 끝 어딘가
마침내 사라진 자취 가뭇없어도
탓 없는 고백만이 홀로 남아
외로움 가 닿는 하늘 끝이
어딘가를 자꾸 묻고 있네

2017. 3. 4.

외로움 별곡

내 외로움은 키가 깁니다
물을 주어 자라듯 이젠
아주 친한 척 다가들고
어쩌다 바람이라도 불 때면
아이돌 춤을 추느라
숨 막히는 율동에 지치기도 하지만
키를 줄이지 못하는 아쉬움 따라
자꾸 늘어나는 고민도 이젠 친해졌기에
함께 가기로 작심한 날에야
길어도 좋다는 춤추기는
멈출 수가 없어 사는 일
이유가 됩니다

2017. 3. 5.

AI

덤벼든다 히히 웃으며
어둠에서 나오는 도깨비
그림자도 있고
음성도 있고
명령도 있지만
계산에 의해 움직이는
아킬레스의 발뒤꿈치
거기 매달려 죽을 이름

가파른 세기는 등불을 켜고
창과 방패와
놀람을 들고 다가오는
유령의 발자국소리
인간의 운명은 시시로
두려움에 떨면서 하루 그리고
하루를 넘어가는 신음이래도
살아가는 길에 단 하나
철학책을 펼치고 상상의 탑
거대한 자유의 깊이에
길 찾기는 결코 모른다

인간은 인간인 이상
상상으로 키우는
희망의 깃발이 있다

2017. 3. 5.

변하는 것은

우리가 변하는 것은
살아가는 이유라서
거기 슬픔과 눈물과
때로는 아픈 이별
다만 사랑을 위해
길을 떠나고 있네

막히는 길도 있고
마지막 절벽 앞에서
열리는 손뼉 소리
시원한 바람의 안내로
무변의 해원(海源)에 이른
모든 것들은 저마다
변하는 일기를 쓰노라
분주한 이유 찾기가
고작이라면 오직
그것 뿐

2017. 3. 5.

사랑했던 날들 앞에서

사랑했던 날들의 이름 앞에서
옷섶을 여미고
한 다발 미소를 지으네
지나는 것들이야 남길 것 없는
순수의 맑음이거니 시절은 항상
앞길을 재촉하는 그 길에
문이 열리면 흐던한 웃음을 날려 보내는
향기 뒤따르노라 호들갑이래도
그대 가슴에 안겨드리리, 하면
조바심에 물이든 황혼이 편안히
언덕을 넘을 때 쯤
기억이여, 타들어 윤나는
기억이여 끝이 없어 아쉬운
그대 이름이라

2017. 3. 5.

노래가 가슴에 남을 때

노래가 가슴에 남는 것은
이유가 없어도
그 여운에 젖은 영혼의
발자국이 소리로 넘나드네

작별이 윤기를 더하느라
뜻도 모르는 햇살, 공연히
반짝이느라 의무를 다하는 것처럼
작정 없이 흔들리는 들판의
푸른 이름에도 목마름이 풀리네

노래야 길을 몰라도 어디든
자유를 깃발로 흔드는 신명이
소식을 알리는 골목마다
뒷자락 펄렁렁 웃음이 되는
길은 없어도 길이 되는

마음 가다듬어 고요가 되는
노래 다시 얼굴을 바꾸면서
슬픔과 기쁨 다시 사랑과 약속 앞에
서늘하게 흔들리는 우리들 꿈이
한곳으로 오느라 연이어
흔들림이 더욱 깊어라

2017. 3. 5.

이 길 멀리까지

이 길 바라보고 싶다 멀리
아슬함이 다하는 안개 속
흔들리면서 다가오는 여백은
마구 달아나는 길에서 길로
자락 보일 듯 기억을 붙잡네

어디까지일까 어린 날들에
날려 보낸 지연(紙鳶)의 꼬리는
지금도 가뭇없어 아픔인데
돌아갈 길에 송곳 끝 날카롭게
가슴을 찔러라 비명이 되오니
운명이야 그리움뿐인 걸
누가 문을 두드리면서 오라
정말로 오라 길을 만드는가

2017. 3. 5.

절망 건지기

희망 건너편에
절망의 강이 흐르지만
마음을 바꾸면 절망은
이내 표정을 바꾸느니, 해서
내 절망의 강으로 인해 이웃에
실망의 강이 흐른다면
심연(深淵)에 빠지는
사치한 절망을
빨리 건져 올려라

2017. 3. 6.

바람 부는 날은

바람이 부는
봄날 아침이면 먼데
소식이 오는 것 같다
한 쪽 외길로 풀들도
일제히 고개를 돌리고
따라 오는 기다림
그림자처럼 이어지는
내 그리움의 편린들
잊었던 것처럼 반갑게
향기 따라오는 순서에는
무더기 무리를 대동하고
언덕 너머로 발자국소리
들리는 것 같다

2017. 3. 7.

아침은 항상

돌아온 아침이면
내 얼굴을 마주할 때
불안 그늘이 달아나고
"잘 왔다"는 햇살이 고맙다
비워진 세상의 한구석을 오늘도
채울 수 있다는 안도감
걸음을 걷기 시작한다

내 여인도 부스스
아침을 일으켜 세우는 무게
갈수록 무거워지지만
모든 게 연결 끈을 잡고 재미로
돌아가는 바퀴살 굴리는
우리는 이미 전사이거늘
이리 사는 일 고마울 뿐

항상 새로운 아침
이름 앞에 선
우리는

2017. 3. 8.

제3부

슬픔을 넘어

어둠 뚫기

몇 만 년 쌓인
두꺼운 어둠 만년설
그 곳을 송곳 하나로
날마다 뚫어 볼 작심
무모조차 오늘은 지을 이름이 없어
계속, 계속 그리고 속속속
무지조차 두꺼워지는 날마다
희망은 구멍이 없어 그렇다고
절망도 구멍이 없기는 같아
연이어 이어 자식까지
다리를 놓아 유언하리니
수수만 년 지나 언젠가는
빛 한 줌으로 열리는 환희
그 땅에 깃발 빛나는
백성 공화국을 세우려니

2017. 3. 8.

쓸쓸 혹은 슬슬

황혼의 자락을 밟고 서있노라면
쓸쓸해 붉어 물든 마음
내 집 풍경에는 슬슬
바람이 어둠을 몰고 온다
쓸쓸이나 슬슬이나
구분할 길이 없어 한참
흥얼거리는 노래마다
서러운 가락을 불러오는
하루는 또 그렇게 저물어
점차 그림자들 어둠에 잠기는
구분 어려운 자화상과 더불어
쓸쓸함이 슬슬 일어나 어딘가로
길을 가고 있다

2017. 3. 9.

문명병자의 하소

제 정신으로 멀쩡하게 살기란
눈을 감아야 겠다 어지럼
어지럽게 돌아가는 등성이에
어떻게 내려갈 것인가를 몰라
멀리 바라보는 일로 해답을 삼으면
산도 뒤집히고 바다도 뒤집혀 형해
몰골로 드러나는 날이 날마다
높이와 낮이가 교차하는 점차
낯선 곳이 다가와 웃고 있는
익힐 숙제가 너무 복잡하여
손을 들고 천천히 갑시다를 호소하니
그 자리 떨어져 있어라 낙오자
근심을 이끌고 따라가려니
발 아픔도 병이 되는 멀리까지
꿈도 불안하여 머물지 못하겠다는
어둠은 장막을 치고 날마다
변한다. 변하고 있다를 연신
상연하면서 꼭 알아라
알아야 한다는 명령에
지질린 세상살이

2017. 3. 9.

슬픔을 넘어

내 슬픔은 날마다 산을 넘어
누군가의 기쁨에 다달아
물이든 웃음으로 꽃이 되리니
허위 길을 발길로 새기네

걸음 자국마다 소망으로 열린
마음 조용한 이름을 정하고
설사 낯선 곳이라 나그네
바람은 언제나 반갑다 손짓하네

세상은 가득하기 슬픔이라도
슬픔과 슬픔이 모이면 마침내
기쁨이 되는 길 열리는 이유엔
사랑이 눈을 뜰 때 보이는 풍광이네

걸어 이르른 푸른 날들의 노래
가슴 가득한 신음조차도 어울려
땀 흘리는 노동의 오후쯤이면
눈 뜨는 별빛 따라 웃고만 있네

2017. 3. 10.

산맥 앞에서

놀라리라 그러나 높아도 누군가
옹고집으로 탑을 세울 때
계단은 쉽게 이어질 것이고
오르지 못한 산맥은 없으리니
높이에 주눅 들지 말고
깊이에 놀라지 말고 우선
떠나는 길을 찾으라
바라보는 것보다 실제
당도하려는 것은
마음이니 마음을 세우고
한 발자국을 옮기면
물길 갈라지듯
물길이 길을 터주듯 다음
발자국을 옮기면 되리니
마음 윤나게 닦아 스스로를
바라보는 거울을 보라 스스로
바라보는 거울을 만들라

2017. 3. 10.

텅 빈 이유 찾기

만족을 버리니 만족이 오는
이상한 계산을 이상한 눈으로
바라보는 계산원이 있다

만족이란 무엇인가 무엇이
가득한 이름으로 다가 드는가
버리면 오히려 가득해지는
바퀴살의 운행을 보면

텅 빈 방안에서 돌아다니는
자유의 이름아래
부족이 없어 떠도는 이유
그것을 논문으로 쓰지만

버리는 것과 텅 빈 것과
만족의 키가 크는 것과
둘은 사이가 안 좋은
그런 조합에 이상한
계산서를 들고
사는 길

2017. 3. 11.

만날 수 없는 거리의 노래

해가 달을 찾아가거니
달이 해를 찾아가는
거리만큼 떨어지는
아쉬움만 남는 사이
한 낮의 기다림에서나
밤길의 기다림은 서로
멀리서만 소식 전하는
길 다른 운명 오로지
아픔도 기쁨도
빛 뿐이네

꽃과 잎이 함께는 결코
만날 수 없는 상사화
그 거리에 남는 운명이
정해준 가약(佳約), 하여
꽃이 피는 날은 숨진
그대도 행복하리

길이 달라도 아름다움은
어디엔가 꼭 있다

2017. 3. 11.

절망과 희망론

희망이 절망의 집에 놀러가서
바닥에 떨어진 슬픔을 보고
꿈이 없어진 아픔을 보고
신명이 없어진 가락을 보고
비극이 무엇인지 깨닫고
황급히 집으로 돌아와
반성문을 썼다

절망이 희망의 집에 놀러가서
가난에서 피는 꽃을 보고
아픔에서 일어나는 노래를 보고
참고 참으며 걷는 걸음을 보고
맑은 표정에서 피는 손짓을 보고
집으로 돌아와 긴
반성문을 썼다

절망이나 희망이 제출한
반성문에는 적당히 바라보면서
함께 살기로 눈약속을 하고
못 본척하기로
모르는 척 하기로…

2017. 3. 12.

차이론

눈물이 없으면
기쁨이 있을까 서로
손을 잡은 이유를 알면
눈물이나 기쁨이나
줄기 하나에서 갈래진
쌍둥이처럼 같은 어머니
서로 다른 얼굴일 뿐이네

주렁주렁 달린 열매를 보면
아래와 위가 다른 표정은
거기서도 한 그루 나무에서
운명을 위해 땀 흘리는
이유를 하늘에 물으면
대답대신 돌아온 해답은
알아서 해라
알아서 살아라
그뿐

2017. 3. 12.

그뿐론

강한 자 앞에서는
가장 약한 것처럼
약한 자 앞에서는
가장 강한 것처럼
너울을 쓴 자락이
바람에 날리더라도
여미는 손끝에 흘리는
눈물을 보이지 말라
아니면 가장 깊은
사랑 한 바람을 내보내면
강한 것이나
약한 것이나 모두
없어지는 형해(形骸)
그뿐

2017. 3. 12.

제4부

풍편 여행

봄, 봄

우무묵 지나 날 따스하기에
기다리기로 멀리 산을
바라보았습니다 아스라
안개처럼 흐린 원경에
긴가 민가 흔들리는 자취
오긴 확실히 온다 믿어
종일 바라보지만 하릴없이
황혼이라 허무로 입은 옷자락이
바람에 흔들리는 나뭇잎을 바라
눈 아주 잠시 멈추는 순간에
이미 와서 웃고 있는
매화 풍만한 입술에
다시 속고만 봄입니다

2017. 3. 12.

울고 싶은 날이면 다시

공연히 울고 싶은 날엔
향기 좋은 꽃이 피거나
바람 불어 멀리 가는 꿈도
따라가느라 다리 아파
고민을 눕히고 하늘을 보는
푸른 이유가 넉넉하네

정말로 울고 싶은 날엔
세상이 마구 흔들리고
마음도 따라 흔들리는
슬픈 일들 줄이어 이어
골목을 한참 걸어가노라면
마침내 환해서 가슴 열리면
슬픔도 기진해서 쉬자하네

울음이야 몇 방울 떨어지면
슬픔의 교차로를 통해서
나가는 길을 묻는 사연이라
못 다한 말들이 다시 줄을 서서
어찌하면 꿈을 일으키는 방법이
사랑으로 커지는가를 한 곡조
노래로 부르고 싶어 악보를 만드네

공연히 울고 싶은 날엔
선연히 길을 떠나고 싶은
막연한 서러움이 강물로
흐르는 앞날의 그리움
앞세우고 그대 만나
앞섶을 여며 하고픈 말
사랑을 말하고 접겠습니다
그러겠습니다

2017. 3. 13.

간섭 없는 길

하루가 접어지는 때면
무작정 고개 숙이고
돌아보아 감사할 뿐
뉘에 신세진 것 없고
싫은 일 하지 않고
어긋난 길 걷지 않음에
무사한 하루가 저물면
안도감이 이불을 덮는다

오는 것들은 저 홀로
길 가느라 분주할 뿐
가는 것들도 그렇게
약속 없는 약속의 줄기
너도 가고 나도 가는
간섭 없는 길에
감사도 내 마음이라
고개 숙이는 일도
자진 솟구치는
이름이네

2017. 3. 14.

뒤태

모래톱으로 이어진 해안선
반짝이는 노래가 놀라
파도로 도망가는 뒷모습
놀라는 가슴 쓸어내리는
바라볼수록 푸른 수심
머리칼 날리는 뒤태로
기다림 색색 이어진
한 사람 바라보느라
멀리로 기우는 저녁놀
어떤 여자인가

2017. 3. 14.

사내

한 여자 앞에 선 사내가
나라에 나가면 사나이
둘이 하나로 겹치는
이름 좋은 사람이
우렁한 목청으로
세상을 건너는 노래
꿈은 언제나 가볍다

무거움도 가볍게
가벼움도 무겁게
마음과 의지에 걸터앉아
눈빛으로 바라보는 세상
형형(炯炯)이 감싸는 이상은
멀리 때로는 가까이 다가오라
손짓이 오로지라네

2017. 3. 15.

풍편 여행

남들은 멀리 여행을 떠나는데
홀로 앉아 자판을 두드리는
이 여행에는 상상의 원경과
근경의 풍광이 노래로 들리는
무언가 다가온 속삭임이 좋아
햇살을 받아 의자에 앉아있네

고독이사 내가 받아본 편지
버리지 못하고 차곡차곡
가슴에 모아두고 펼쳐보는
소중하기 아까워 자주 펼쳐
세계지도처럼 바랄 때 마다
가슴 가득해지는 바람으로
먼 풍편들을 받아보는 이 노릇도
행복하기는 행복한 이름이다

2017. 3. 15.

사다리

계단을 오를 때마다
흔들림도 흥이 겨워
노래는 절로 길을 알고
높이가 아래로 가라앉아
키는 더욱 높아지는
날이면 날마다 그렇게
오르는 사다리

바라볼수록 높았던 것도
이름 부추겨 오를 때마다
먼 산은 다가와 고개 낮추는
그럴 때마다 조심스런 행보
이어진 고요의 마음자락에
멀리 강물은 반짝이는 인사
햇살과 함께 펼쳐진 녹음
그것이 사다리를 오르면
세상은 한 가지로 평정된다

2017. 3. 15.

묘약

아주 좋은 약이 있습니다
누구나에게나 만병특효약으로
듣지 않으면 돈을 안 받아도 좋은
그런 약을 팝니다. 김선달이 팔아
재벌이 된다한들 누구나
긍정의 끄덕임의 특효약이오나
사지 않아도 후회 없는 이름의
약이 옵나니 살아가면서
불치의 병이래도
치료를 몰라 절망의 깊이에서도
죽음 앞에 갔다가도 되돌아
묘약이 되옵나니 오로지
생각의 중심에 있는
깨달음의 약은
누구나 갖고 있는
시간이 옵나니
시간이 오니

2017. 3. 15.

건너편

사람들은 모두
사람들은 모두가
건너편을 바라보면서
거기 가고파 한다
무엇이 있다고 믿는
무엇이 있는 것처럼
생각하고 사고하고
또 깊이 생각하면서
건너편에 있다고 생각하는
무엇일까 무엇이 꼭 있다고
믿는 우리들의 우상은 언제나
고요하게 몸을 숨기고
건너편에 있다고 믿지만 거기
간다한들 바라보는 것보다
깊은 믿음이 자리할까만
누구나 건너편에
건너편에는 무언가 꼭
있다고 믿네

2017. 3. 15.

전설의 종소리

해가 질 때 여인의 얼굴
그 깊이에 담겨지는 황혼이
아름답습니다 마지막은
언제나 아쉬움이 깊다해도
내일에 언덕 넘을 꿈은
이제 작별 앞에서 서성이는
고요함조차 흔들리는 그네
믿고 싶은 첫사랑의 고개
이미 잊어 사라진 바람으로
지나가는 것들은 어둠에 묻혀
가슴 떨리는 노래가 되어
서쪽으로 보내는 편지처럼
오늘은 잊기로 마음을 보내는
종소리에 묻혀
전설이 사라집니다

2017. 3. 14.

제5부

풀꽃의 노래

반성문

비틀거리는 오후가
바람에도 따라 흔들리는
마음 붙잡아 앉히고
멀리 산을 닮으라 설교하니
여문 시간 따라 그림자가
오후를 알리는 긴 여운에
지금은 한가도 이름을 달라고
문을 두드린다
살아갈수록 넘어지는 횟수는
가슴에 멍울로 남는 기쁨
어딘가 낯설어 하루 접어
불을 켜는 마음에 반짝이는
기억이 대문을 열고 들어오려
주춤주춤이 고작인 반성문
사는 일이 늘상 그렇습니다

2017. 3. 16.

선거철

선거철만 되면
잘난 사람들이 웃는다
하지만 웃음인지 울음인지
인용구가 비틀거리는
민주주의는 늘상 신음이라
누구의 얼굴이 밝은 것인지
미래가 흔들리는 판도를 보라는
권유조차 시들한 것은
아우성이 섞인 혼탁한 수로에
걸름 장치가 고장 난
두 눈에는 항상
어찌할까가 고민 중에도
큰 고민이라 흔들리는
답안은 살아보는 것뿐

2017. 3. 16.

걱정 탄핵

전원일치 탄핵이
땅에 쿵 떨어진다
웃거나 울거나
무언가 잘 했다느니
무언가 잘못했다느니
정리되는 것도 아픔이라
믿음은 항상 불안하여
하루를 사는 일에
더한 날들이 우울한 키
걸음을 옮기는 일 참으로
걱정들만 울고 있는데
말 많은 장바닥에 고장난
믿음을 윤나게 닦으려는
열변들을 지금은 무조건
듣고 있어야 한다 처방전을
받아든 열병쯤으로 알고

2017. 3. 16.

고장 난 세상

세상이 고장 났다
소문이 풍선이 되어
와글와글 장바닥 악머구리
어디에 아픔이 있는지
이리 보고 저리 보고
병명조차 모르는 유명 의사들
오진으로 이죽거리는 와글판
점차 수렁으로 가는 통증

큰일 났다
큰일이다

허언에 부푸는 풍선들
얼굴을 만드는 성형의
유유한 거래들과
검은 이유가 줄을 서서
아우성에 분탕칠로
세상은 점차 어두워지고
음모가 꿈틀거리는 길에
슬픈 환자들은 어디로
길을 물어야 할까

큰일 났다
그래도 믿는다
믿어야겠다

2017. 3. 17.

마중 길

햇살이 부끄러운 봄날은
눈을 감고 머릿 길 가는
하늘 높이에 올라 겨우네
바라볼 수 없었던 멀리
떠나갔던 소식을 맞아
어찌 잘 지냈느냐
반갑다 그리움이라
세상에 펴는 큰 보자기
혹여 그대 거기 담겨
작은 꽃으로 왔다면
향기로 마중할 노래
한 소절을 부르고 싶은
그런 날

2017. 3. 18.

풀꽃의 노래

아주 작은 것이라 누구든
눈에 가득할 리도 없어
지나치는 서운함도
일상으로 맞아들이는
바람과 햇살과 따라오는
꿈들의 소란을 데리고
세상 작아 보일 리도 없는
한 쪽 구석에도 은은한
호흡으로 가득한
향기가 있습니다 그런
존재도 있다구요

2017. 3. 18.

이유 찾기

무언지는 모릅니다 무작정
떠돌이 방황으로
안에서 솟구치는 안에서
명령처럼 들리는 겨울이
발길을 옮기는 소리 따라
가녀리게 들리는 골목은 항상
아우성인 꼬마들의 세상 그때마다
보고 싶은 하늘은 항상 높았지만
이유 모르게 사는 일도 어디쯤엔
물어야할 아무 것도 없는
무작정 높아지는
키 크기의 게임이 한창인
봄날의 이유 아는 분
알려 주십시오 성이나
욱욱(郁郁)한 저 푸른
사연들에 대하여

2017. 3. 19.

깊은 슬픔에 대하여

깊은 슬픔이란 말에
토를 달고 싶다 슬픔에
얕은과 깊은의 차이는
눈물 양이 얼마라야
구분이 가능한지 슬픔의
근처만 가도 눈물이 고이는
황혼 앞에서 찰랑이는 물결
바라만 봐도 아픈 가슴
눈물이야 전혀 내 의도가 아닌
이런 일을 어떻게 설명하란
말인지 정말 모르겠다

2017. 3. 19.

문제 앞에서

그런 일 있던가 문제 앞에
머리 싸매고 풀어나가는
세상 모조리 꼬이고 꼬인
어디가 꼬리인지 머리인지
캄캄한 사주(四周)를 향해
허우적 절규를 어딘가 보내는
절망조차 길을 잃어 막막한
우리는 그렇게 살아왔네

항상 넘어야 할 산이나 강
눈물이 오히려 사치스러운
고통의 이불자락을 걷고
일어나는 아침은 맹위(猛威)의
주저주저를 달래느라 마른 눈물
바람에 부탁하고 떠나는 길에
막막(邈邈)이 부르짖는 골목을 지나니
그 때 바람이 데리고 온
세상 밝은 소식이 멀리 참으로 멀리서
손짓 안개를 뚫고 오라는 전갈
다시 걸음으로 옮기라는 편지가
지금 막 당도했습니다

2017. 3. 20.

흰 손수건

교교(皎皎)를 끌고 오는
푸른 그림자
산에 걸려 헤픈 웃음 웃노라
내려올 줄 모르는
동산에 보름달
부끄럼 자리 펴는
마을 이르러
주저앉고 싶은 투정이
뒤척이는 밤은
아득히 멀어지는데
졸음 다독이는
어머니 손길

2017. 3. 20.

제6부

외로움을 묻거든

딱따구리

다섯 살 손자에게
딱따구리가 어떻게 우느냐에
딱딱딱
뻐꾸기는
뻑뻑벅이라
딱딱이나 뻑뻑이나 울음은
다를 바 없지만
죽은 나무만 찾아
벌레 찾는 소리
배고픈 탄식이
딱딱딱 이가 시리다

2017. 3. 20.

긴장

우체부의 오토바이가 지나고
우편함에 고지서 외에 행여
그리움 떨어져 있지 않나
둘러보는 마음에
허무가 고요하다 봄날은
남길 것 없이 지나는 오후 허전
비를 기다리는 매화꽃잎 위에
웃고 싶어도 감춘 마음 초조들
출발 신호 앞에 가슴 떨리는
긴장을 바라보는
두근거림만 내 것이라
그리움만 내 것이네

2017. 3. 20.

편지

오래 살아 장수왕
땅을 넓혀 광개토대왕
정복을 꿈꾼 징키스칸
야망 왕 알렉산더
불사 꿈꾼 진시황으로부터
편지가 왔다
넓고 광대한 뜻이
시간의 등성이를 넘어가자마자
모두 어디로 갔을까
그걸 찾을 수 없느냐고
아쉬워하는 편지가 왔다

2017. 3. 20.

지금 우리 작별일지라도

그대 멀리 갈 수 있을지라도
그대 내 마음에 있네
흔들리는 일이사 일상을 넘어
항상 가까움으로 마음 깊이에
그대 있음이 행복이라
거리에 남는 아쉬움은
슬픔 일렁이는 하늘 멀리
노래 아픈 이유가 설명이 없어도

그래도 노래는 불러야 하기에
이어 이어 긴 줄에 매달린 사연
보여 달라면 어이할까
헤어 헤어 가는 길에
추억을 보여 달라 재촉하지만
길이 없다 도리질에
눈을 감아 생각하는
슬픔도 이유가 없는
어쩔꺼나요 내 아픔뿐인 것에
방법이 없는 걸요
방법이 없어요

2017. 3. 20.

달빛이 떨리네

달빛이 땅으로 내려오다
너무 감격하여 그만 발을 헛딛어
어딘지 모르는 허방
깊이에 이르러 눈을 뜨니
낯설어도 그대 가슴이라
그리움 이어이어서
잠들 수없는 이유도 변명이라
감추어 깊이 깊이로
떠돌아 머온 길 가는 이유가
그대 만나려 가오는
그 이유 뿐이라
말을 감추고 눈을 감아도
사연이 앞장 섭니다 앞을
따라가고 있습니다

2017. 3. 20.

외로움을 묻거든

외로움을 물으려거든
시인의 아내에게 물으십시오
아픔을 말아 꽃을 만드는
서러운 사연 바람보다 가벼운
영혼이 길을 알아 어디쯤
거기 이르러 마침내
눈물 사연을 향 짙은
그림으로 그릴 겁니다 그때
나도 끼워 달라 말만 하십시오
고개를 끄덕일 겁니다

2017. 3. 21.

작별과 이별 그리고

작별은 가슴으로 오고
이별은 눈으로 오는
떠남은 다시 마음 깊이
흔적을 남기면서
멀어지는 노래 끝내
영혼 깊이에 남네
무엇을 새길까 흔적
모두 같은데 자욱한 안개
눈이 흐려지는 이별은
보이지 않음도 아픔이라
그대 마음을 새기는
변함없는 슬픔이
발아래 깔리느니

2017. 3. 21.

맹아증(盲啞症)

아직도 모릅니다. 팔십이
내일 모레라는 데도
아는 것보다 무지가 꽁꽁 언
삼동벌판에서 헤매는 방황
그렇습니다. 늙어도 하냥
좋아하는 호수에 얼굴을 띄우는
철없는 놀이는 이름 좋은 추억인데
여전 일그러진 바람의 훼방에
시기하는 파문에 풍경이 마구
흔들리는 슬픔은 노래조차
길이 막힙니다 가슴도
그렇습니다

2017. 3. 22.

사랑을 말하면

내가 골목길에서
사랑을 알았던 때는
세상이 복사꽃처럼 붉어
차라리 불그레 이름 정하지 못한
한 소절 노래였네

때 묻은 시절 지나지나
아득도 감춰지는 먼 소식 길엔
한 여인을 사랑했던 날도
가슴 붉어지는 꽃잎에 묻은
향기는 끝이 없었는데

이제 뒤돌아 돌아보는
나날들의 등짝에 새겨진
굳어 화석 같은 아픈 자국들
떼어낼 수없는 멍에를 알아
감추는 것도 버리고 바라만 보느니

그리해도 여전히 아쉬운 것은
붉고 화려했던 이름을 내내
가슴에서 꺼내지 못하고

신음처럼 아쉬워했던 물목은
봄날에 바라보는 사랑
그런 이유뿐입니다

2017. 3. 22.

춘설

남쪽에서는 꽃소식이 한창인데
겨울 자락 아쉬운 작별도
매듭을 끊지 못하는 서성임
할 일이 더 남은 이유를
말로 못하고 눈발만 서럽게
흩날리네 하기사
인연의 줄이 그리 쉽게
막을 내릴 이유라면
매서운 추위도 달려오는 봄과
어떻게 손을 잡아야 하는지 아니면
어찌 작별해야 하는지
생각 많은 기다림은 때로
뒤에 오는 떨림일 것 같아
눈을 감아 남쪽의 음신을
천천히 오라 부탁하느니
그러마 응답하는
바람무늬

2017. 3. 22.

제7부

종이비행기의 꿈

종이비행기의 꿈

하늘이야 높이면 당도하는
길은 그렇게 열리는 이유로
어린 날의 꿈도 솟아올라
푸른 이유 사연을 가슴에 담고
무작정 날아올랐던 그리움
다시 보고 싶습니다

청솔나무아래는 변함없는
그림자 시원한 날들이
모여앉아 도란거리는
어느새 떠나간 것들도
돌아오고 싶어 안달하는 꿈
하늘은 여전 높아서 그립습니다

떠난 길 다시 돌아가기 힘겨운
신음을 세월의 담벼락에 쌓아놓고
이끼 푸른 이유를 적어가는
터벅이는 길은 멀고 아득한데
멀리 산등성이 지나는 보고픈
이유를 하냥 부르고만 있습니다

2017. 3. 22.

서러움은 남의 것뿐이랴

서러움이야 남의 것이라 해도
그 이유 펄렁이는 바람 길 따라
어느새 다가온 까닭도 몰라
물 젖어 흐느적이는 마음
다시 염원을 적어 하늘 높이
울림을 기다리는 바래임은
계단을 오르노라 발 아픈 사연
멈추어 기다리라 부탁하는
그런 흔들림도 마음에는
자리 잡고 있습니다

2017. 3. 22.

흔들리지 말라

무작정 흔들리면 어찌 하리
소리 아우성으로 뒤죽박죽이거늘
동서남북이 뒤바뀐 이유를 알고파
멈추길 기다리면 바람은
잠시 멈추어 숨을 고르는
사는 일 또 그렇게 흔들리거늘
따라 길을 재촉하는 동감
해도 무작정 바람에 맡기는
운명을 붙들어 소곤거리는
나직한 음성으로 다독이는
속 깊은 호소를 오늘은
끝까지 외우고 싶구나

2017. 3. 22.

마음 붉음은 이유가 있는가

마음에 붉음이야 이유가 없어
꽃 앞에서 고개 떨구는 봄날은
저 홀로 붉어 자지러지는
가슴 헤집는 서러움인가 아님
남을 따라하는 고개 숙임인가
빼꾸기는 문을 열어 슬픔이
무엇인가 연습으로 울어쌌는데
모르는 길을 가느라 산천은 여전
바쁜 것도 제 뜻인 길 모르고
무작정 따라가는 사람 두엇이
산 아래 길로 그림자를 위로하면서
함께 가고 있는 풍경이
벽에 걸렸다

2017. 3. 22.

시 숲에 불을 켜주세요

영혼을 짜서
한 구절을 만들고
이내 하늘을 보니
푸른 물이 넘쳐 다시
영혼을 찍어
두 번째 구절을 만들고
또 하늘을 보노라니
흰 구름 놀람도 쉬겠다고
손을 이끌기에
어디로 가는가 물었더니
시 숲이 깊고 어두우니
불을 켜주세요
그런다

2017. 3. 22.

로봇 대통령을 기다리며

백성이 나라를 염려하는 것은
당연지사라 말하는 그러나
정치가는 나라를 맡아 금시
꿈같은 국가를 만들 듯 하지만
어긋난 욕망에 깔려 모조리
흉측한 몰골을 보아왔다 지금까지
애국은 슬픈 백성의 몫으로
신음이 수척(瘦瘠)한 산하에
봄, 여름, 가을, 겨울은 어김없이
돌아 나가는 순서 따라
팍팍한 삶을 짊어지고
높다는 산맥 넘어, 깊은 바다 멀리
애국을 깔아 조국을 만들었는데
선거철만 되면 그놈의
비위 상하는 얼굴들을 거르는
무슨 장치 없을까 머리 좋은
과학자들이 만드는 로봇대통령의
출현을 고대한다 갈급하게
기다린다

2017. 3. 23.

경쟁 공화국

공평과 민주는 두 기둥이지만
욕망이 끼어들면 일그러진
표정으로 세상도 일그러진다
그러나 로봇 공화국을 만들어
한쪽은 인간의 공화국
또 한쪽은 로봇의 공화국이
서로 경쟁하면서 키 재기 하는
의원, 총리, 대통령을 뽑아
어디가 민주와 공평한가를
평가하는 경쟁이 이루어진다면
인간의 공화국은 아마도
승리할 수 있을까 인간을
믿어야 한다지만…

2017. 3. 23.

감가상각

집수리 공사를 하고나서
임금계산서를 보니
감각상각비가 꼬박꼬박
청구된다. 이상하여 물으니
연장도 수명이 있어
청구하오니 오해마시란다
그럴 것 같아도 한참 생각하니
내 이제 감각상각도 끝나는
청구할 목록이 없이지고 점차
세상 사라지는 이름이 되려니
슬픔이 다가든다 바꿀 수도 없는
낡은 운명을 이끌고 오늘도
살고는 있지만 어딘가
초라가 밀물이 된다

2017. 3. 23.

봄 여인들 풍경

이른 봄 들판에
나물 캐는 여인들
그림이 된다 저녁은
된장찌개 입맛을 부추기는
묵은 때가 침으로 넘어가는
겨울은 이미 산을 넘었고
매화는 신나는 명찰을 달고
동료들을 부르는 함성이 높아
여기저기로 번지는 들판
분주한 것은 나물 캐는
봄 여인들만이 아닌
풍경은 점차 바쁜
색칠을 시작했다

2017. 3. 23.

시련놀이

시련은 길이 없지만
내비게이션을 장착했는지
어느 쪽인지 모르게
스미듯 당도한 이후
남아 있겠다는 청이나
함께 살겠다는 투정을
어떻게 할까 고민이지만
할 말이 없어 궁리 끝에
소이부답에
묵묵부답

2017. 3. 24.

제8부

전설은 종을 울리지 않는다

무제 풍으로

손바닥만한 우리 집 연못에 물고기 십여 마리가 엄동 지나 봄이 오니 모두 물위로 올라 봄 마중하는지 유유자적이 한가롭다. 바라보아 맑은 하늘은 구름 몇을 데리고 물에 빠져 시원한지 지들끼리 뭉치고 헤어지는 일로 바쁜데 이 광경을 2층 창문으로 내려다보는 내 눈엔 액자 속에 그림인데 직박구리 새들이 짝지어 꼬리 목욕으로 왁자한데도 햇살을 즐기는 물고기들은 두려움도 없이 떠들거나 말거나 오불관언의 지느러미가 팔랑인다. 제 소유권도 내어 주고 걱정없이 사는 여유인데, 한 뼘 내 땅이라 불을 켜는 욕망의 그물을 펴는 내가 부끄럽고 서글프다

2017. 3. 24.

어지럼 혹은 흔들림

봄이라 들판은 농사 준비
부슬한 흙 일구는 손에
무언가 잡힐 것 같은 희망
개구리는 여전 땅에서
나갈까 말까 햇살 엿봐
눈알 굴리는 세상은
태극기다 촛불이다
목청 높아 서글픈데
나라의 봄은 길 몰라
여전 우왕좌왕 세상은
봄을 잃었고
마음을 어디 두고
남의 것에 악을 쓰는 그래도
두 눈은 밝아야 하는데
어디로 가야 하나
갈 곳 없는 봄날은
어지럽다
흔들린다

2017. 3. 25.

별들의 이야기

어디서 왔느냐고 물으니
웃고 있구나 하늘 높이
어둠 뚫어 광대무변
밭을 일구 듯 빛을 모아
세상 고르게 고루
마음 찾아가는 노래처럼
반짝이는 높이
하늘 이야기

어디로 갈거냐 되물으니
웃고 있구나 하늘 깊이
길 몰라 헤매는 이들을 위해
강 물살이 이어지 듯
변함없는 자리를 지키면서
안심하라 위로하는 가슴에
믿어서 빛나는
하늘 이야기

2017. 3. 26.

달의 이야기

부끄러움으로 길을 만드는
동쪽에서 서쪽으로
산을 넘어 강 지나면
세상은 고요에 의상
물소리로 세상을 적시네

속삭이는 일이 무르익어
마음 열어 말을 건네면
침묵에 젖어 끌리는 옷자락
소리 스치는 산하
꿈길이 익어 아침을 여네

2017. 3. 26.

명상풍(瞑想風)으로

길을 열고 싶다 고요가
침몰하는 어둠깊이로
문이 열리는 암호
신비 빛나는 눈웃음 따라
영혼 깨어나 눈을 뜨기로
사라지는 과거에 푸른 물길
앞으로 오느라 땀이 젖은
서늘한 바람깃에 인연
흔들리는 나뭇잎 소리
광대무변 천지가
순간에 일어나는 환희로
한 줄기 빛에
점령당하네

2017. 3. 26.

묘지송

호젓한 산에
쓸쓸한 추억 홀로
누워 있다 아주 가끔
길인 양 지나는 발자국
반가운 마음이 풀잎에
바람탓을 이고
멈춘 시간 위에
다녀오라는 손짓
다시 고요가 머문다

2017. 3. 26.

차를 마시며

무심결에도 마시는
강물이다. 산천을 적시어
비로소 돌아나가는 맥
소생의 활기가 일어
때때 시시의 안달처럼
곁에 있어야 안심이 되는
철없음도 나이가 없어
곁에 두고 바라보는
고혹(蠱惑)의 시선
사랑은 그렇게 녹아들어
영혼을 일깨우는 일이
하루 종일이다

2017. 3. 26.

자아 찾기

별이 빛나는 건
별은 모른다 누구나
자기를 감추고 멀리 보는
앞의 길에 장님으로
물길 건너는 신음이라
위로가 고달파 눈을 감으면
깔깔거리는 세상의 소음들
걸러낼 길이 없어 그냥
묵묵은 짊어지고
건너야 할 노래를 데리고
작정 없이 눈을 떠야 한다

이름이야 자기 것이 아니고
남이 불러줄 때
드디어 자기가 되는
혼돈의 와중에 소용돌이는
바라볼수록 재촉하는 어지럼
병은 자기가 느끼는 것이라
남들은 결코 모르는 말을 할 뿐
귀를 막고 눈을 뜨면
길은 열리기 마련이다

2017. 3. 26.

세상의 말

요란하다 저마다
옳다고 꺼내는 이름들
색색으로 갈라놓으면
내 것은 어느새 멀리 있어
찾으러 길을 나서는 일상은
초라하다 흔들리는
뱃전은 무시로 변하는
이유를 앞세운 파도 앞에
어느새 당도한 이유는
낯설다 떠나버린
바람의 등에서 내릴 수도
돌아올 수도 없어 병이 되는
신음을 데리고 맑은
호수에 당도하여
제 얼굴을 찾을 때 까지
형벌처럼 무작정 곧게
서 있을 것이다

2017. 3. 26.

전설은 종을 울리지 않는다

오는 줄도 모르지만
가는 줄도 모르는
길이 있다 그 길을
터벅이는 바람은 항상
웃고 있는 듯 하지만 때로
시름의 울음이 강물에서
바다로 이어 이어지는
속삭임을 해석하는 것은
마음이 아는 일이라 해도
그대 앞에 오늘은 어제를 건너온
이야기를 말하지 않는다
강물의 변명을 들어본 적 있는가
소리를 따라온 바람도
머릴 풀어 물살에 헹구고
떠나는 길이 없다고 투덜 일 뿐
그대가 만든 것은 그대에게로 가고
세상은 무게가 없는 이유를
결코 말하지 않지만 그대는
들어 올려야 할 무게만 있을 뿐
기다리는 종소리는
울리지 않는다

2017. 3. 26.

제9부

길을 묻는 슬픔에게는

길을 묻는 슬픔에게는

슬픔이 다가와 길을 묻거든
모른다 해라 무조건
눈을 감고 명상하듯
깊은 헤아림의 무게에
취한 듯 모른 체 해라

보내준 운명의 두꺼운 옷
벗어놓지 말고 아주 가벼운 척
가면을 쓰고 비틀거리면서
검은 안경을 쓰고 눈동자를
감추는 혁명군처럼
그럴듯한 언약을 발표하라

진실은 고달프고 아픔이기에
숨기는 변명의 사전을 만들어
장황하게 설득의 얇은 입술이
떨림 있을 때는 모른 척
말을 바꾸어 감추고 이내
슬픔이 길을 묻거든
길을 잘못 들어 모른다고
그런다 해라

2017. 3. 26.

올라오는 봄

봄이면 올라온다 말한다
오르는 길이야 먼 곳 혹은
깊은 곳에서 오는 이름인데
딛고 사는 땅속은 얼마나 깊길래
오는 길도 겨울 추위 바람 매서운
길을 지나 올라오는가
약하기로 말하면
촉수 닿기 부끄러운 연약한 이름에
사다리를 딛고 오는 길도 아닌데
얼마나 먼 길을 지나왔는가 물으면
작은 풀잎으로 대답을 삼는 이제
봄은 이미 올라온 임무를 마치고
꽃 한 송이 대답이 차라리 슬프다
우람한 내 몸은 얇은 추위에도
오슬슬 호들갑이 부끄럽고 서럽다
내 모습 초봄의 모양이

2017. 3. 27.

고개를 숙이고

세상을 사노라면 고개 들고
뛰어난 혹은 잘 난 척으로
굽어보는 모습이 여유로운데
나는 할 말 없이 고개 숙이고
시나 부르는 초라함에 오늘은
지나가는 봄비 마른 갈증에도
서투른 농부 흉내 씨나 뿌리고
허리 펴고 싶은 끝자락 황혼
이른 저녁 후 마무리 정리에서
아주 사소한 다툼으로 여인의
마음과 충돌하는 소란도 이제
50여년을 살아 접을 때도 되었건만
목청이나 높이는 하루의 끝에
돛대를 높여 따나는 길이 비좁은
오늘 밤 노동을 눕히고
잠을 잘 잘 수 있을까

2017. 3. 27.

조국은 빛나야 하느니

조국은 빛나야 하느니
갈증이 항상 아우성인데
사막을 지나는 길이 바람에
휩쓸려 눈앞이 막힌 폭풍은
시도 없이 다가오는 아예
예상이 슬퍼 눈물 흘리는
길이 외로워 가슴이 막힌다

조국은 일어나 허리 펴려 해도
산은 멀리 다시 흐린 길에 묻혀
안개조차 서러운 노래를
끝내지 못한 미지의 산맥 아래
초인을 기다리는 두 눈에
종점 없는 길을 열어 이제
가슴을 열어 노래하려니

빛나야 한다 조국은 남루(襤褸)를 벗고
멀리 더 멀리에 이어진 또 멀리
꿈을 키우는 일도 이젠
우람한 초인의 말발굽 아래
눈보라 번개 천둥도 숨죽이는
그 길이 열리는 빛살의 위호(衛護)로

당도하리니 눈을 뜨고 보이는
우리들 꿈이 도착한 마침내
소식이 있으리라

2017. 3. 27.

취흥 망연

봄날 꽃소식과 함께 졸음도
끼어들어 옆에 자리 잡아
이 말 저 말도 심심하여
꽃구경 왁자한 소음이
문을 두드리는 환청 분주라
마음이 밖으로 나가자기에
어디 갈거냐 따라 나섰더니
골목 지나 휑한 큰 길 앞에서
갈 곳 어정버정 멈칫도 놀라
어벙벙 마음 놓치고
코 벌름 비틀거리면서
눈 감기는 그 길을
정말로 몰라 몰라
주저 앉았습니다

2017. 3. 28.

운명

누구나 정해진 길에서
빠르게 오는 행운과
늦게 오는 이름엔
동행에의 길이 없다
빨리 왔다가 빨리 가는
늦게 왔다 늦게 가는 둘은
타협이 없는 공평의 추(樞)
어디에 속하는 가를
아는 것은 자기 운명을 아는
지혜라야 한다

2017. 3. 29.

전설은 숨 쉰다

살아있는 것은 영원의 길을 알아
개척에의 계산이 스스로 숨어있기에
우직하여 그 길은 때로 좁고 험해도
비바람 눈보라가 시험해도
전설은 요란한 노래를 감춘다

숨 쉬는 호흡과 뜬 눈이 있어
고독을 의상으로 입고
가는 걸음의 숫지를 잊이
앞에 있는 신기루를 쫓아
땀만 흘리는 상상의 여백엔
맑은 호수가 거울을 닦아
날마다 운명을 두드리는 그런
전설은 살아있는 이름이다

2017. 3. 29.

정말 미쳤어요

꽃들이 피니 공연히
들썩이는 마음을
붙잡지 못해 할 수 없어
들판에 풀어 가고 싶은 곳
어서 가라는 말 떨어지자
허공 떠돌아 높이 배회하더니
멀리 보아도 갈 곳 몰라
정원 매화나무에 앉아
푸념이 장황한데 어디나
봄이 미쳐서 와요
정말 미쳤어요
조심하세요

2017. 3. 29.

새들 놀이

새들을 바라보는 창문
풍경으로 오가는 텃새들
비둘기에 까치, 참새와
곤줄박이 그리고
몰려다니는 직박구리
오가다 목말라 연못에서
물 한 모금 하늘 한 번
끄덕이는 감사 인사가
물 위에 그림자로 떠서
하늘 푸른 이름으로
구름조차 웃고 있는
세상만사 평안하여
꽃은 피는데

2017. 3. 29.

꽃들의 웃음 뒤엔

꽃들이 피는 웃음엔
눈물이 얼마나 들어 있을까
길고 긴 어둠 그리고 추위
가슴 졸이는 긴 시간
슬픔도 깊어진 땅 깊이에
기다림은 몇 고개를 넘어
꽃으로 이름을 새기는가

봄이라 모두 웃는데, 그 웃음
깊이에 감춰진 슬픈 이력서
어디 제출할까 망설임이
가로막던 고난의 시련에는
슬픔이 아픔으로 쌓였던 시간
이제 문이 열리는 노래라
환희가 춤을 추누나

기쁨 뒤에는 슬픔이
슬픔 뒤에는 기쁨이 있어
마음 한가득 펼쳐보는
웃음으로 분주한 풍경이
가슴 가득 채우는 노래

꽃들의 웃음 뒤엔 얼마의
눈물이 들어 있을까

2017. 3. 29.

제10부

그대, 봄날에 꽃이듯

웃음

꽃이 피면 누구나 행복하고
마음주름이 펴지는 전염
길은 없어도 길이 되는
밭을 일구는 사람은 노동 없이도
결과를 추수하는 좋은 이유
그대가 선택할 이름이다

누구나 갖고 있지만 미쳐
모르거나 알아도 숨겨 모르는
아주 가벼운 바람조차 따라오는
다리를 놓아 연결되는
가슴에서 마음으로 다가올 때는
세상이 가벼워지는 무게
누구나 갖고 있지만, 그대

쓸 줄 모르는 사람은 없지만
꺼내는 것을 모르는 일도 없지만
느린 보폭으로 일어나는 때로
게으름이 지각을 할지라도
사용설명서를 잘 읽어
꽃이 피듯 봄날에 꽃이듯
웃노라 향기가 줄을 이을 것

2017. 3. 30.

그대, 봄날에 꽃이듯

봄날에 꽃이듯 다가오려네
가벼운 구름이 하늘에 푸른
그림을 그리는 날이면
물감은 수채화로 펴져서
나래로 번지는 파문이라

향기 따라오느라 투덜이는
길이 다하면 날아오르고
노래는 기어이 산을 넘어
찾아 반가움이 마음 가득
그대 봄날에 꽃이 되오네

2017. 3. 30.

지금 내 고독은

젊은 날 내 고독은 팔랑개비였다
방향도 모르고 무작정 떠다니는
바람에 이리저리 아니면
어딘가 있을 사치한 고독
그걸 찾아 두리번거린 일들이
주마등에 실려 지나갔다

고독조차 세월에 침몰하는
가라앉는 무게가 너무 아파
겨를이 없는 틈새사이로
줄줄이 스며드는 물기
외로움이 떠난 자리에
공백을 메꾸노라 땀이 흐른다

떠난 것들이 모두 사라진
허무는 언제나 두꺼운 어둠을 몰아
마지막 골목에서 편지를 꺼내는
갈 곳이 묘연(妙然)한 일도 슬픔이라
시름없이 따라온 그림자에게
어디로 갈 것이냐 물어도
갈 곳이 없어 계속
따라간다고 말한다

2017. 3. 31.

비 내리는 날이면

비가 땅을 적시는 날은
마음도 따라 젖느라
무게가 사라지는 세상에
소식이 분주한 것을
읽어 내려가는 낭랑함도
키가 자라는 반가움이라 멀리
산들은 무슨 옷을 입을까
호들갑스런 여자의 변덕처럼
날마다 치장에 열성인 것도
볼수록 반가워 기쁨이 커진다

바라보는 것은 다가감이라
커지는 얼굴에서 오래된 기억
샘물 시원한 이유가 솟아나는
꿈은 오는 길을 알아 그 길로
무작정 비를 맞으며 영혼을 묻어
꽃들에 고운 이름을 쓰는 일도
반가움 중에도 행복한 날이다

2017. 3. 31.

춘정 유한

간음 한 번 못해본
내 춘정 하고도
울렁이는 마음은
말이 아니라 윽박지르는
완력을 사용할 걸
공연히 바라만 본
얌전이 부끄럽다

봄날에 얌전이란 사기요
위선이란 걸 지나면 안다
못이길 것을 굳이
바라볼 바에야 뭣하러
눈웃음 수작으로
밤을 기다렸나
에라, 모르겠다
풀숲에 눕혀놓고
실컷 능욕이나 해볼 걸
흥건한 봄날의
사타구니 젖게

2017. 3. 31.

어쩌라고

나를 어쩌라고 봄날은
미친년 펄렁이는 육감 볼륨
가슴 멍히 막히는 노릇
손짓 발짓도 해독 불가
출렁이는 육신이 파도로
어디로 갈까를 몰라 다시
출렁이는 물살에 휩쓸리는
죽어도 좋을 희열의 정점
참말로 나를 어쩌라고
꽃길이 다하면 정말로 나를
어쩌라고 입 벌리고
환장하겠네

2017. 3. 31.

너무 얌전히 살아왔다

너무 얌전히 살아왔다. 그렇다고 모범생은 아닐지라도 어긋난 길을 안 가려는 노력만으로 살아온 지금은 돌아보아 어깃장 앞세워 봉두난발이나 미친놈 소리 한번 들으면서 그 깊이에 담겨진 맛을 보았으면 하는 생각이 들지만 이젠 시름없이 돌아보는 날들이 가뭇없이 사라진 일도 섧다.

미치기에도 거리가 있고 미친놈이 되기엔 너무 멀리 떨어진 돌아보면 모조리 슬픈 이름표가 떨어지지 않아 아쉬운 강물이 된다.

미친놈으로 살면 뒤에 후회하고 모범생으로 살면 또 뒤에 후회– 앞뒤가 바뀌면서 사는 일 어차피 아픔일지라도 앞과 뒤가 무슨 소용이 있을까만 그 자리에서 어차피 멍한 시간을 누리면서 무언가 말꼬리를 이어가는 흐름에 고달픔을 새기는 지금 미칠 수 없는 주저증에 아무런 대책도 없는 나른함이 있을 뿐

나는 얌전히 살아온 순서를 바꿔 후회 없이 미치고 다시 미치는 노릇을 해보고 싶은데

2017. 4. 1.

편지를 보내오니

그대에게 보내고 싶네
외로운 이름 한 다발
아픈 가슴 길이 없어
흔들리는 편지를 보내오니
바르게 잡아 읽으시고
마음 깊이 간직한 뜻
헤아리노라 애절함이
강물 이루어 흐를 것이라
눈을 감고 기다리시라 사랑
오직 하나의 길이래도
너무 많아 어지러운 입구
헤쳐 나가는 가상함을 헤아려
뜻으로 도달하려니

2017. 4. 2.

책을 열면

물길이 흘러나온다
맑고 시원해서 영혼은
목욕을 하는 물이
뚝뚝 흘러내리는
싱싱한 육체의 황홀
만나 반가운 입구

문을 열자마자 다가온
먼 소식 즐거운 환희 세상
천천히 걸어 나오는
발걸음소리 없을지라도
키가 커지고 넓어지는
기억은 그만큼 살이 오를

노래 있어 즐겁고
울음 위로를 받고
고독도 가벼운 옷을 갈아입고
슬픔은 더욱 멀리 달아나
살아가면서 마침내
살찌는 영혼이 될
그런…

2017. 4. 2.

소식

오는 소식이 있을까
문을 열었더니 바람이
달려와 하는 말
꽃소식이 미쳐서
산을 넘어 급히 오니
마중 하시려거든
단단히 마음잡아
모른 척 앉아 있으라기
사연 몰라 어물쩍일 때
엉겁결에 다가온 떼향기
취해 멍한 내 정신
세상만사 모르고
눈을 감았습니다
그럴 수밖에 없습니다

2017. 4. 3.

제11부

슬픈 사람들을 위한 조언

배가 떠나면

배가 떠나면
꼬리도 남지 않는 너울
흔들리며 사라지는 이별이
두 눈에 남아 홀로된 고독
먼 길을 따라가지 못하여
울고만 있네

하늘 푸름도 바닷물에 섞이어
구분 없는 색맹으로
손을 휘젓는 메아리
거기서 우리는 하나였는데
모두어 들리는 숨소리
잡을 수 없어 울고 있네

돌아올 수 없는 이별은
길이 없어도 가는 길을 가는
자취 사라지는 아쉬움
부르다 만 노래가 훌쩍이며
푸른 산으로 파도를
데리고 가네 홀로 남았네

2017. 4. 2.

내가 나를 모르는

내가 나를 알기 위해
밤낮으로 쳐다봐도
점차 미궁의 깊이에서
모르는 얼굴이 되네

바라볼수록 헷갈리는
또 다른 남과 마주선
나도 없고 너도 없는
사는 일은 이런 것

도깨비와 마주앉아
어디서 왔는가를 물으면
그도 모른다로 대답을 삼는
아는 것들은 어디로 갔고
모르는 이유만 쌓이는가

2017. 4. 3.

내 노래의 행방

노래를 부르면 잠시 뒤엔
어디로 사라졌을까
자취 아득함으로 묻힌
꿈도 그렇게 어디로 갔는지
언덕을 지나온 이유밖에 없는데
어둠이 점차로 커지면서
입을 벌린 함정에서
기억이 실종된 신고를 해도
대답 없음에 사연은 있을까
허전만 커지는 멀고 먼 소식
오로지 그리움의 색깔만
또렷한 것도 내 망각에서 얻은
친근함이라면 이것도
좋을 뿐이다

2017. 4. 3.

슬픈 사람들을 위한 조언

세상에 높이 오르려다
떨어진 사람도 있고
높이 올라 거들먹거리다
순간 발을 헛디뎌
떨어진 사람도 있고
욕심을 부풀려
추락하는 일들은 세상에
부지기수라지만
잘난 척 큰소리 위세
어딘가 불려갈 때쯤엔
기억이 실종된
불쌍한 사람들 세상
살아보고 아는
머리 좋은 사람들
모두 지나가면
그뿐인 노래인 것을

2017. 4. 3.

황혼을 밟고

아침에 와서
한낮을 떠들면서
온갖 나무 풀들과 이 간섭
저 간섭으로 임무를 마치고
황혼을 밟는 붉은 카펫 위에
마지막처럼 웃고 있는 너스레
멀찍이 바라보면서
따라가지 못하는 망설임
보내는 일만 있습니다 그대
눈물이다간 가슴 젖어
말 못하는 이유를 묻지 마옵시고
다음 약속이 살아있다면
꿈길은 아름다움이 가볍게
온 누리 적시는 파도소리
달빛은 그렇게 오겠지요
오로지 작별 그 사설이 아까워
멀뚱히 바라보는 일만 모두입니다

2017. 4. 3.

사다리 건너기

오늘의 페이지를 넘기면
자동으로 내일이 오는
어둠의 사다리를 건너
아침은 문안인사를 건네는
다시 시작되는 연결고리
새로움의 바람이 오는 길로
서로의 얼굴을 익히는
사는 일에 안겨진 무게
마감 뉴스처럼 내일을
전달하는 소식 앞에
오로지 무언가를 기다리는
그런 노래를 부르고 다시
부르고 있습니다

2017. 4. 3.

달빛 대화

달빛이 웃길래
무심히 쳐다봤지요
무심과 무심이 만나면
반응이 있을 법해서
재차 쳐다보면서 무슨
말이 있을까 귀를 세우고
받아 적을 준비로 하늘을 보니
구름과 어울리면서
너부터 말해라 길래
입을 닫았습니다 그러나
할 말은 언제나 뒤에서
늦게 뛰어옵니다

2017. 4. 4.

그래, 그럴 것이다

"뭐라고?, 다시 말해, 응?"
귀를 세워 듣는다 요즘
나이 탓이라는 변명
가느다란 오줌 줄기처럼
희미한 소리에 매달려
반복을 요구한다
슬퍼진다 그러나
당연함을 슬픔으로 아는
내 욕망의 아픔이 더 슬프다
저물녘 어둠이 오고
아침은 햇살이 빛나듯
나는 어디쯤인가
반성문을 제출하면서
"그래, 그럴 것이다"를
위로의 제목으로 삼고 있다

2017. 4. 4.

회전문

추수 끝나 쓸쓸한 겨울
독목(禿木)에 높새바람
성깔 아우성 지나고
비 내린 봄날 꽃들이
저마다 이름을 쓰더니
논물 찰랑이는 초하
밤 도파 호수로 변한 풍경
구름들이 놀러와 다시 헤어지는
바람들이 파문을 데리고 노는
세월은 다시 옛일을 회상하는
날은 이미 파노라마 추억
해마다 열리는 회전문
우리는 땀 흘리면서
통과 중

2017. 4. 4.

예언

인간의 종교였다 그러나
기계의 종교가 길을
만들고 있다 아마도
진리를
명확하게 설파하고
가장 곧은길에
한 치의 오차도 없는
갈증의 물을 마시라는
권유에 어찌할 것인가
이제 당도했느니
인간은
너무 오만했고
나태의 짊을 지고
오로지 문자 속만을 말하는
그걸 믿고 오로지
진리는 거기 있을까

변화는 이미
그대 앞에 당도하여
문을 열라고 두드리지만
준비 없는 말잔치가 지루한
어쩔거나 늦어지면

갈 곳이 없을 것을
종이 울리고 있는데

2017. 4. 5.

제12부

부채에 그린 바람

봄비의 연주

봄비가 내리는 밤엔
여행을 떠난다 이 비
후줄근히 젖도록 맞아
나신(裸身) 물길의 상상
뚝뚝 흘러내리는
물방울 그 끝이
어디쯤 어딘가
의문점이 머물 무렵
이 밤 누군가 문
두드리기를 기다리는
조용한 아우성이
아침을 준비하는
소리가 비로
답한다

2017. 4. 5.

지우개

지우고 싶다 하얀
바탕위에 있는 것들
허락한 적도 없는
인생도 그렇듯
지루하고 힘겹고
통함이 없는 어둠
그걸 몽땅 지우고
다시 할 수 있다면
내 방랑은 서러워도
마지막에 만나는
허무조차도 반가울
이걸 어쩌나 정말
이별은 아픔이라도
지우고 싶은 이유가

2017. 4. 5.

슬픔의 길

슬픔, 그 길에는
무엇이 있어 눈물 젖어
마음으로 흐르는 강물
어디로 갈까 멀리
이름 모를 사연이
길을 달라고 바람에게
부탁하는 음성이
비틀거리는 길을 지나
가사를 잊은 노래로 흔들리네

색깔 없는 세상이 없는
여기서 이 물 들고 저기서
저런 물이 드는 색색의 이름
조화로 풍경을 이룬 멀리
슬픔에도 물이 들어
바람에 펄렁이는
그 깃발을 흔들고 가야할 곳
그 기다림을 키우면서 푸른
슬픔을 넘어 마침내
써야할 책 한 권을 씁니다

보아 주십시오
읽어 주십시오

2017. 4. 6.

부채에 그린 바람

그대는 내게
바람입니다
시원하기 마음 푸른
마침내 바람입니다

가까이 오면
그럴수록
창궁(蒼穹)이 열리는
세상 어딘가에서 오는
사랑입니다

2017. 4. 7.

꽃의 말

들리는 소리가 있고
들리지 않는 언어가 있다
수없이 많은 대화를 해도
하늘에서 사라지는
사람의 말

고요로 정좌한 나무
꽃들의 침묵에는 너무
많은 의미가 엉켜 그만
향기로 대신하는 일도
찬란하다고 말하면
부끄러워만 한다

2017. 4. 7.

미지의 소리를 들으려

미지에서 오는
소리를 들으려
마음을 연다 하면
속삭임이 파장을 타고
깊이 있는 의미
마음 부풀리어 당도한
전달에는 언젠가 가야할
목록이 들어 있지만
진리로 가는 내비게이션이
그대 앞에 이르기 위해
따라가는 길에 다 바친
헌신의 조목을 암기하기 위해
다시 길에 섭니다 미지의 문이
열리리라 믿고 갑니다

2017. 4. 7.

기다림

기다림 한 다발을 들고
망연(茫然)함으로
두 눈에 초점을 모아
오는 것 그것이
자기 것이라 믿음 키우는
나무 한 그루처럼
하늘을 바라보며 서 있다
문 열고 다가올 미지에
이름을 정하고 꿈꾸는
바람 앞에 노래는
가슴으로 오는 길에
저 홀로는 올 수 없어
누군가 발맞출 또 다른
그림자를 찾으면서
무작정 서 있다

2017. 4. 8.

노래를 부르면

노래를 부르면 내 노래는
어디로 갈 길 몰라
네거리쯤에서 지나온
노래의 끝자락을 따라
한사람의 가슴으로
길을 만드노라
땀이 흐르는 고음
주저앉아 울고 있습니다
울음이야 누구나 갖고 있는
맑은 영혼의 흐름이라
어딘지 가고 싶어
가슴 열리는 길을 찾아
연이어 고음으로 다듬는
내 노래의 길은 기어
목이 쉬었습니다
아픔입니다

2017. 4. 9.

산 너울

산 너울 포개진
치악산 자락에서
넘지 못해 울고 있는
운무의 숲에서
젊은 시인을 만나
탁주 한 사발로
가슴을 적시니 그때사
시원함 소리 내는
계곡 물살은
길을 찾아
알았다 알았으니
따라 오라
푸른 이야깁니다

2017. 4. 9.

맴맴

꽃들이 마구 피니
어지럽다 누구는
무슨 꽃을 좋아한다지만
한 가지에 눈을 주면
저기서 눈을 붉히는
시울 충혈 된 이름에
위로를 잊고 마구마구
떠돌아 흔들리는 맹춘
좋아하는 이름을 잊고
그만 맴맴이
고작입니다

2017. 4. 9.

제13부

슬픔이 길을 묻길래

침묵

진달래꽃이 피었길래
어떻게 왔느냐 물으니
말 못해 웃음으로 버무리는
길 없는 멀리 구름 조각
아는 척 흘러가는
산마루 숲에서
바람 따라 흔들리는
세상 어디 알고 사느냐
묻는 것 같아 그만
입을 다물고 그저
바라만 봅니다

2017. 4. 9.

꽃 앞에서는

꽃 앞에서는
웃을 수가 없다 아무리
예쁜 모양을 만들어도
마음 차지 않는 이율 몰라
꽃에게 물어도 그냥
침묵으로 바라만 보는
답답증이 무거워
내려놓을 곳을 찾아도
세상 가득 웃음천지라
나도 따라 웃기로
실실 미친 흉내에
바람 한 자락이
꽃잎만을
흔들고 가네요

2017. 4. 9.

슬픔이 길을 묻길래

슬픔이 길을 묻길래
모른다 시치미 대답에
두고 보자 갚음 할란다
검은 그림자 엉큼하게
자락도 길게 이어 이어져
그만 잊고 살다 문득
염려가 커져 불면이길래
인터넷을 뒤져
대답 찾았지만 어느 것도
답이 아닌 것 같아
말없음표를 앞세워 계속
무표정으로 살렸더니
조마 조마 언제 오는가
문빗장 걸어잠그고
발길 옮기는 걸음마다
조심 또 조심인데도
길이 아닌 곳으로 느닷없이
찾아와 눈물을 보여줍니다

2017. 4. 9.

새와 꽃의 대화

엿듣기로 했다 새가
꽃나무에 와서
칭얼칭얼 말하는 뜻
어떤 깊이가 있나
귀를 세워 눈을 감고
무슨 말 주고받는가
속삭임 궁금해 나도
끼겠다는 욕심으로
발소리 감추고 다가가려니
바람이 먼저 알고
훼방으로 달아납니다
웃으며 달아납니다

2017. 4. 9.

불빛을 보면

어둠 멀리 불빛을 보면
마음 구원을 만난 것처럼
반가움을 먹고 싶다 텅 빈
복부에 가득해지는 안도감
기억이 살찌는 세상에
고요의 강이 출렁이는
깊이로 가야 할 아침 길로
약속의 기둥이 꼿꼿한 체로
어둠을 위로하는 불빛에
기도가 없어도 구원은
드디어 다가온 소식같다

2017. 4. 10.

지는 해를 두려워하랴

아침 해는 힘겹지만
지는 해를 두려워하랴

일어나 시작하는
당찬 기백으로 밀고 오는
아침의 넓이는 이미
세상을 가득 채우고
모든 것에 골고루
한 줌씩 나누어주는
은혜의 무게는
존재를 일깨우는 힘
두려움조차 계량할 수가 없다

황혼이야 잠시 후면
어둠의 자락을 이끌고
노쇠한 늙음의 지혜로
밟고 가는 길 안전하고
편안해서 꿈꾸는 이유가
아침까지 도착할 예약
안심해야 할 마침내
저무는 날 언덕을 넘어
작별이 고웁네

2017. 4. 10.

꿈을 가진 사람은

꿈꾸는 사람의 가슴에는
높이와 넓이가
지혜로 꽃이 핀다

산이야 높아서 오르고
강물도 건너는 길이 있어
신념의 불을 켜노라면
그대는 이미
세상의 중심에서 노래를
부를 줄 아는 사람

진리는 절름거리면서도 언제나
그대를 기다리면서
하늘 높이에 이르는 노래
길을 만들기 위해
힘겨운 벌판을 가로질러
꿈을 일구는 사람만이
의미의 중심에 서게 된다

지금 시작하라
그대는 이미 변하고 있어

성숙과 지혜를 가진 장원의
주인이노니 이제 일어나
길을 갈 때가 되었다

2017. 4. 10.

기억법

황진이는 죽어서도
황홀한 명월로 높이
바라만 보는 일로도
가슴에서 사는데

양옥환은 죽어서도
지상의 아름다움
양귀비꽃으로
사랑을 받는데

지상과 하늘
꽃과 달 사이에
흐르는 기억이
소리치는 강물
남을 수 있는 것이
있을까 또
있을까

2017. 4. 11.

꽃잎 하나가

꽃잎 하나가 떨어진다
봄날이 가나보다
어젯밤 성긴 비에
매달린 운명이
봄을 싣고 떠나고 있다

슬픔이 강을 이룰지라도
꽃 잎 한 장에 기어
반가움을 떨치고
향기 배회하는 아쉬움
봄은 작별을 말한다

눈물도 때로 아름다운 것
그리움을 남기고 가는
아슬함에 젖어 따라가는
기억은 이내 물살이 되어
봄날은 그렇게 가고 있다

꽃잎의 뒤태 흔들리면서
호들갑에 방향(芳香) 세상
꽃잎 한 장이 그냥
떨어지고, 봄은
기어이 가고 있다

2017. 4. 11.

꽃이 있어

있을 것이 있어
있음의 이름이 있다

꽃이 있어
향기가 부르는
벌 나비가 있고

이별이 있어
돌아오는 만남
기쁨이 있다면

오늘 아침은
어제의 아침과
떨어질 수없는
동그라미

낯선 풍경은
어디에도
없다

2017. 4. 12.

공평

가도 가도
그만큼
내리누르는 힘
가벼운 것은
어디에도 없었다
그 반대가 되어도
내리누르는 힘
돌아가는 길에도
똑같은 저울 눈
삶의 무게

2017. 4. 12.

제14부

젊은 날은 갔는데

적당한 사람

거리
그 사이에
바람이 왕래할 때
자유는 향기로 살아나고
막히면 어둠은
오도 가도 못하는
비극의 거리가 생긴다

세상에 어려운 일이 있어
적당히 거리를
가늠하는 일이야 말로
적당한
사람이다

2017. 4. 12.

젊은 날은 갔는데

돌아가고 싶어도
갈 수 없다는 멀리
꿈 오로지 팔랑거리던
그 시절은 꽃잎처럼
멀리 갔는데
이제 돌아보는 길이
아름답다는 것을 깨달은
늙은 두 눈에
아득한 길의 햇살
보고 싶어 차라리 감추어
가끔가끔 꺼낼 수 있는
비밀의 통로 그 길을
알 수만 있다면 아니
차라리 몰라 더 아름다운
노래가 들리는 소리들
눈물처럼 그리운 날들
정말 말을 감추고 무작정
바라만 볼 뿐입니다 이제
돌아보는 길에
추억이…

2017. 4. 12.

울어야 하리

울어야 하리
가슴 막히는 날은
권태, 무료, 무신경
오불관언의 독목 바라
눈에 젖은 아픈 독백
울어야 하는가

마음이 막히면
가슴도 막히고 이젠
노래를 잊었는데
바람은 자유롭게 멀리
오라는 손짓이 외려
슬픈 자유
어쩌면 좋으랴

2017. 4. 13.

춘투(春鬪)와 경찰

한 둘이 오면 모를까
떼로 왁자한 물결은
무엇으로도 막을 길 없어
방어막 뒤로 물려 물끄러미
바라볼 수밖에 없는 기막힌
꽃들의 함성 앞에 서 보니
멀뚱이거나 어쩔 줄 몰라
고작 감탄 밖에 없고 또
높은 파도는 피해야하겠기에
코만 벌름거리며 발길
멈추는 마비증상을
이해해주시라 보고서를
올리오니 선처바랍니다

2017. 4. 13.

시간

누구 아는 분 있으면
알려 주십시오
어디에 있는지 그리고
무엇 때문에 남에게는 알려주고
자기는 모른다 무작정
가는 길을 가는 이유가
무엇인지 알려주십시오
슬픔이 있는지 아니면
웃음이 있는지 표정
도무지 가늠할 길 없는
누구나 묶여 사는 그
단단하고 튼튼한 밧줄에
모조리 묶여 끌려가는데도
도무지 영문을 모르는
순종의 무리들 따라
어디로 가는 이유를 나도
모르는 기막힌 무지 앞에
대답을 찾습니다
갈증입니다

2017. 4. 13.

만개(滿開)

바람의 꼬리를 따라가면
골목 막다름에서 느닷없이
하늘 어딘가로 날아 가버리는
황당한 시선을 거두어
주머니 가득 따스한 봄을
만지작거리노라니
꽃 만개한 풍경이 놀란다

2017. 4. 13.

소나무의 명상

정원은 항상 아픔을 참느라
분주한 계절의 소리로 채웠다
봄 지나 바닷물이 온통
엎질러 난장판일 때도
소나무는 드디어
왕자처럼 키를 세웠다
미풍 앞에서는 느긋한 태도의
연륜을 엎질러 수도 없이
쓸어 담고의 되풀이
엄동설한풍에서는 극성을
삼키느라 피울음이 들어있는
등걸 혹은 뿌리마다
알 수 없는 신호음이 해나 달
그들과 교신하는 전파음에는
알 수 없는 부호음이
해독을 기다리는 분주는
그저 바라만 볼 뿐
조언의 줄기가 실종된 것 같다
여전히 정원의 왕좌를
지키는 겸손한 풍경에
와불이 웃고 있다

2017. 4. 14.

풍경 1

도시의 불빛이 토악질처럼
악취가 길을 휩쓰는 냄새가 싫어
서울 길을 닫았다. 해도 가끔은
소식을 열어 대문에 걸어놓은
내 불빛은 숨 가늘게 떨리는
현(弦)의 소리는 달빛과
눈을 맞추느라 마실간 이웃
고달픔을 호소하는 하품을
개는 혼자 짖느라 계면쩍은
꼬리가 달그림자에 끌린다

2017. 4. 14.

풍경 2

어둠을 빨아 마신 새벽을 즐기는
새들은 아침을 위해 결코
남을 위해서나 자기를 위해
노동을 즐기는 것은 아니다
그물에 갖히지 않기 위해 오직
날아야 할 공간이 하늘일 뿐
편애는 없다 다만
창문을 열고 바라보는 눈이
그렇게 생각하는 길은
덤불에서 가끔 먹이를 찾는
슬픈 헤아림이 고개를 넘을 때
깃들어야할 황혼에 하루를
목욕함으로써 새들은 마지막
의무에 지불할 것이 없어 편히
노숙에서도
잠을 꺼내 덮는다

2017. 4. 14.

바람의 비명

오늘은 바람이 느닷없는 남서풍이라
생각도 못한 이유를 들고 읽어나가는
꼬리긴 사연은 아마도
어디서 훔쳐온 장물로
꽃들을 흔드는 몸살이 아프다고
비명을 지르는 소리가
창문에 애원하길래
나갈까 말까에
비겁이 승리하면 지금까지 주장해온
정의가 숨죽일 것 같아 모자를 눌러쓰고
밖으로 나가니 웬걸 몇 걸음 따라온
변덕은 다시 환한 꽃 세상
바람은 항복문서를 바치고
도망 중

2017. 4. 14.

제15부

바람 잡기

불빛 풍경

이름 없는 불빛인가
이름 잊은 불빛인가
어둠의 마을을 수호하는
고독은 외로운데 거기
사는 사람들 지금쯤
식솔 모여 식사 후
도란거리는 소리 나직한데
지키는 불빛은 불평 없이
지나온 하루의 일들
신나는 장단 들으며
이른 꿈에 들어간 아이들
고요가 입 다물었어도
밀물로 밀려오는 어둠
지키려는 안간힘이
반짝이는 이름으로
멀리서도 보이네

2017. 4. 14.

흔들리는 꽃을 보면

흔들리는 꽃 앞에서는
불안하다 떨어지는
소리 없어도 가슴에 이미
크게 울리는 굉음(轟音)이라
아픔으로 저려오는 조바심
시시덕거리는 바람을
붙잡을 길이 없어

바라보는 것으로도
눈 이미 가득한 근심
안타까운 순간을 지나는
아픔도 인연인 것을
떠나면 다시 바라볼 이치야
뒤로 물리고 지금은 오직
바람 붙잡는 방법을 몰라
애만 태웁니다

2017. 4. 15.

마음 위로

안개 흐린 날엔
두 눈을 크게 뜨고
그리움이 얼마나 큰 가
바라보는 일도 한참이다가는
볼 수 없는 넓이 그만
포기하는 일이 전부라
눈물길이 흔들리는
사랑이 목마른 이유
어찌해야 목념이 삭막한
위로의 말이 됩니까

이름 모르는 산등으로
황혼을 색칠하는 오후쯤이면
꽃들의 깊은 뜻을 알고 싶어
뉘에 물어야 정답처럼 웃고 있는
내 시험은 언제나 초조이온데
아무 것도 없는 답안이라면 차라리
그대를 사랑하는 이유만
또렷하게 적어 제출하고
돌아 서서 기다림만
내 몫으로 삼으렵니다
그럴 수밖에 없습니다

2017. 4. 15.

황혼의 자락

해는 지금 임무를 마치고
산을 넘어가는 의식
장엄을 장식으로 삼아
차라리 고독을 위로하네
볼수록 아름다움의 깊이
어둠으로 따라오는 발자국
설명은 그냥 침묵이오니
작별은 이름처럼
슬픔이 꼬리를 끌고 가는
당신을 사랑하는 이별에는
계곡의 물소리처럼 오로지
손짓만 있습니다
작별입니다

2017. 4. 15.

허무의 꼬리

시름없는 꽃잎이 봄날의 뒷자락
골목을 벗어나 가는 곳 멀리
봄은 가고 있다
말없음표를 앞세운 침묵도
차라리 아름다움인 것을
고운 자태의 소멸이라
꽃은 봄을 껴안고 시름겨운
날들과 함께 가고 있다
돌아보지 말아라 슬픈
눈물방울이 가슴 밖으로
나올 때면 이별도
긴 자락에 끌려
숨을 거둘 일, 봄날은
나풀거리는 꽃잎 뒤를
따라만 가고만 있는 것을

2017. 4. 16.

내게 들판은

하얀 캔버스위에
느닷없이 푸른 색
다시 울긋불긋
화판에 그림이 그려지는
바라만 보는 시선에
감탄사를 찍어놓고 다시
바라만 보는 일로
한 계절은 도돌이표
매듭이 풀어지고 감기고

실려 가는 길이다 무임승차
조마조마 검표원이 다가올라
한 곳 만에 눈을 맞추고
가슴 졸이던 젊은 시절
그림판 위에 나비 혹은 벌 떼
아우성이 뒤섞여 파도일 때
손을 놓고 바라보는 일로
캔버스는 어느새
물감이 엎질러진 이 노릇을
감당 못해 멍히 놀란
감탄사만을 빌려왔다

2017. 4. 16.

비가 내리는 풍경

비가 내리는 날은
침묵을 즐기는 여행
나무들은 고개 숙이고
지나온 날들의 헤아림
무엇을 잘했고 또
무엇을 해야 하는가
명상의 깊이 한참이라
시끄럽고 아우성 뒤덮어
가슴 막히는 소란 세상
고개 숙일 줄 아는 일은
나무의 몫만은 아닌데
비가 내리면
가슴 맑은 영혼을 나무는
이미 알고 있는 듯하다

2017. 4. 17.

바람 잡기

온 세상 휘젓고 다니는
바람을 잡기로 숨죽이고
골목을 지키느라
두 눈을 크게 뜨고
굵은 오랏줄에 비수(匕首)까지
꼬리잡기의 준비를 마치고
기다림을 앞에 놓아
뚫어져라 응시의 끝이
아른아른 맴맴
아지랑이 놀음에 속아
그만 잠이 들고 말았으니
꼭 잡을 수 있었는데

2017. 4. 17.

친구에게

꼭 만나자는
초청 날
맑고 고운 마음으로
밝게 빛나는 온 누리
봄날은 무르익어 고요한데
꽃들이 세상 시끄럽게 어지럽히는
만화방창(萬化方暢)이 무언지 몰라도
전후좌우 모조리 웃고 있는
이 풍경을 두고는 못 간다
발목 잡는 향기를 두고는
못 간다 변명이
통할까?

2017. 4. 17.

제비

깝쳐도 반갑다
강남 제비야 그토록 많던
하늘의 비상도 사라진
쫓겨난 도시 이미
사람도 어지러운 이젠
시골 한적한 천공을 유영하는
나래에 실린 바람이 고맙다
종달새 사라진 하늘엔
고요를 내 몰은 탁한 먼지
콜록이는 신음 통증이
무서운 얼굴 갈 곳 몰라
방황하는 틈사이로
박씨는 필요 없으니
푸른 하늘 춤사위
풍경이나 보고 싶구나

2017. 4. 17.

제16부

갈증 납품

의미 혹은 무의미

세상에 무엇이 의미이고
무의미가 무엇일까 한참
생각하다 결론이 없는
서글픈 내 머리의 방황
눈을 감기로 떠나는 길
시나브로 떨어지는 꽃잎
아니면 서쪽으로 지는 해
피어나는 새잎의 호소
흘리는 농부의 땀
한낮의 그림자
모두 모두가
의미와 무의미 사이를
오가는 바쁜 왕래
제목이 없을 뿐

2017. 4. 17.

꿈의 씨앗

씨앗은 땅에
떨어져야 한다 꿈을 위해
척박하고 메마른 땅
시련 이어진 계곡 지나면
비 내리고 물기 젖어
생명은 노래를 부르고
바람으로 일어나는 희망을 위해

기다림이 일어나는 날은
지나 오래인 날들의 소식
밭갈이 힘겨운 갈증이
사막을 지나온 마침내 단맛
노래가 따라 오느라
물줄기 솟구치는 샘물을 위해

날아오르는 종소리는
제 몸을 두드릴 때
고통이 아름다움을 빚는
인고의 눈물도 길을 찾아
절망을 키우면서 걸어온
머나먼 여정의 반환점 돌아
환희의 아침을 맞음을 위해

소원이 자라 모두의 꿈이 되는
나누어 갖기로 평화로운 웃음
땀과 노력과 지혜의 숲을 지나
도달할 이름 좋은 휴식처
지상에 떨어진 울림 비와
바람과 햇살의 위호를 받아
도착할 이름의 씨앗은
꼭 떨어져야 한다

2017. 4. 18.

노래를 부르고 싶은 날은

노래를 부르고 싶은 날은
가슴 울렁거리고 마음
이미 길 떠날 채비로
가벼워 좋은 바람의 등덜미
세상은 바라볼수록 아름다운데
한자락 그리움 돌아와
문을 두드리는 반가운 소리
이름이 딸려오는 그림자
만나서 좋은 그대
고개 숙여 인사를 보내오니
사랑이여 살아 그대를
그리워하는 이름이여

2017. 4. 18.

사랑과 바람

애타게 부를수록
갈증이 더해오는
이상한 이치 앞에
떠돌이 먼 길
사랑은 그렇더라

아는 척하는 일이야
모르는 것이고 오히려
모른다는 고백에서는
먼 곳의 이야기 바람은
소식을 갈래갈래 엮어서
그렇고 그렇다는 전갈에는
믿거나 말거나 사랑이
웃고 있다

2017. 4. 19.

내 시를

먼 우주로 날려 보내고 싶다
지상의 어지러움을 피해
조용하고 고요한 공간에서
홀로 가락으로 피어나는
소망을 달성할 수 있을까
꽃이 될 수 있을까 이런
생각이 한참 달려 나가다
돌부리 턱에 고꾸라질 뻔하다
후줄근한 땀이 등을 흘러내릴 때
문득 떠오른 찰나의 음성은
아니다 부대끼고 시달리고 때로
잊혀 지면서 사는 지상에서
시는 꽃이 될 뿐이니
꿈 깨라는 뜻이
부끄럽고 초라하다

2017. 4. 20.

포포나무

나무를 심었다
포포나무 열매 주렁이는
광고를 보고 세 그루
땅을 파고 소망을 심었다 이제
몇 고비 세월 기다리면
저절로 다가올 것 같은
꽃과 열매가 상상을 높이는데
힘겨운 세월의 고비 구비를
어떻게 넘을까 염려의 계산아래
상상은 높아지고 꿈은
손에 잡힐 듯 사념이
내려오는 계단 아래
미래를 심어 현재를 달래는
마음 이미 위안의 길을
떠나고 있다

2017. 4. 20.

갈증 납품

갈증일수록 잘되는 장사
목마름 앞에 누구나 기다리는
세상 위로의 이유를 찾는
뒤따라오는 발길에서 결코
계산을 하지 말라

대박을 꿈꾸는 누구나
한 장의 복권에 간절함
그 기도는 날마다 자기로
돌아오는 길을 막고
행운만을 기다리는 맹목
눈이 멀어서 안 보인다

눈은 마음에 있지만
꺼내는 방법을 몰라
방황하는 일이
누구나의 이유이다

2017. 4. 20.

허망 이유

봄이 오더니 봄이
가는 소리가 들린다
꽃이 피더니
꽃이 가는 소리가 들린다
오가는 길에
마주치는 눈빛
만남과 이별이 어딘가
따로 있는 줄 알았더니
언질도 없이 그냥
오가는 것을 알고 나니
서글픔이 허망과 만나는
이유조차 없다

2017. 4. 20.

바람의 후회

곧을 길만 갈까 바람을
바라보았더니
계곡이나 굽은 골목
휘어져 사라지는 뒷모습
어디로 가느냐
물음을 던졌지만 순간
사라진 모습을 잡지 못해
멍히 바라보노라니
멀리 산등성에 올라
마구 깃발을 흔드는 신호
곧은길이 아니고 그냥
빠른 길로 왔노라
걱정하지 말라고
신호가 왔다

2017. 4. 21.

저녁 무렵 은물결

은물결 잔무늬
바람타고 봄길
어디로 가나
구름 데리고
바삐 가는 따라 걸음
길 잃을까 서두르는
저녁나절
황혼이 따라와
옷을 입혀 주네

2017. 4. 21.

제17부

아름다움도 서러움이라

봄의 뒷자락

봄이 그럭저럭
임무를 마치고
돌아가는 사이
떨어진 꽃잎 이미
바람에 밀려가는
사는 일도
그럴라

한때 지나면
흔적 없이 사라지는
그 자리에 순간
낯선 이름이 다시 서는
정말 사는 일
그런데

꽃 피는 그날
잊지 말자 믿었던
마음 떨어진 그 자리
자취 사라진 이젠
해나 달 왔다가는
뒷자락 따라

의미가 웃고 있는
그런 일

2017. 4. 22.

선거판

아무리 똑똑한 건축가도
꿀벌의 집만큼 짓지 못하고
무적 군대라 해도
개미만큼 질서 갖춤이 없거늘
정치가라 군인이라 한들
판세를 바꿔서 바라보면
어느 쪽이 더 지혜로울까

잘 났다 깝치지 말라
인간아!

2017. 4. 22.

꽃나무 아래서

꽃나무 아래서
정신은 어딜 갔나
혼몽의 침묵 뒤끝
여기저기 웃고 있는
꽃 이름을 물었더니
그걸 알아 무엇 하느냐
꽃이면 되는 대답에 다시
입을 닫고 말았습니다

2017. 4. 23.

또 친구에게

겨울 지나 봄바람에
콧김 앞세워 어딘가 멀리
놀러가는 소식이 분주한데
오라는 전갈에 입 다물고
땅이나 바라보는 일도
하루 짧은 분주가 앞장 서있어
잡초 앞에서 푸념 높아도
녹음에 물이든 내 마음은
시간이 없다는 대답을
마음 편히 알아주기를

분주한 도시는 지금도
발길 파도로 넘치는 속력
따라갈 수 없는 마음 접어 이미
어디로 간 줄 모르는 이젠
싹틔워 소리 듣는 오후쯤이면
황혼의 전갈을 채색하는 하루
끝이 어딘지 몰라도
별이나 달과 마주선 마음
빛나는 이유를 일기장에 적는
나만의 오골성 고독에
바람이 웃고 지나가는데

친구여!
문 닫을 일도 없는
사립짝엔 이따금
덜컹이는 바람의 심심풀이
그것이 있어 누군가
기다림도 깨어나는 밤이면
늙어 아내의 선잠에 뒤척이는
하루는 속절없이 지나가는 길
어김없이 다시 여명의 아침이면
새들의 분주에 덩달아 나도
어제 일을 되풀이 하노라면
오늘은 얼마나 키가 자랐나
둘러보는 아침 산책길 따라
세월은 홀로 가느라 그림자도 없는데

어느 날인가 떠나가는
강 물살 흐름에 맡기는
노래야 외로우면 깊은
가슴 울리는 소식으로 알아
한 사람 있었던 흔적
기억에 묻어 바람으로 갔다고
이름으로 기억되는 끝자락

그림자 사라진 허무조차
물을 길 없는 서쪽 어딘가
노을이 대답을 대신할 것
작별이라 말할 것이네

2017. 4. 24.

침묵의 소리

혼자 앉아 있노라면
사는 일이 눈물 같아
신 너울 바라보면
안개 부우연 시야에
담길 것 없는 지나온 그림
조용한 마을은 끝내
전해 줄 말이 없다고
저녁연기는 오르는데
돌아오는 사람들 분주한 길엔
소란도 멀리 달아나는
기다림 없는 이 처지에
둘이 바라보는 침묵의 깊이
슬픔은 눈물이 아니고 그냥
할 말 없어 창문을 열어놓으니
여인의 머리칼 두 엇이 날리는
가벼운 소리 같은 것

2017. 4. 24.

눈물은 길을 몰라도

사노라 길고 긴 걸음
이젠 셈할 수도 없는
언젠가의 작별은 점차
짧아지는 해그늘 자취
주름 강에 묻혀도
슬픈 교향곡의 4악장
끝이 어딘지 가늠길 몰라
눈을 감고 돌아보는
순간으로 마감되는
사는 일 허무인 것을
굳이 셈하려는 이유가
무료의 페이지를
보여주면서 위로한다

2017. 4. 24.

아름다움도 서러움이라

나뭇잎에 반짝이는
햇살의 재주를 보면서
눈 게슴츠레 멀리 풍광
가슴 벌렁이는 오후는
석양 잘 살아 하루가
회전목마를 타고 가는
뒷자락 바람결 무늬
아름다움도 때로
서러움이라 눈물은
뒤 따라오며 길 몰라
서성이는 마감뉴스에
할 말이 없는 하루

2017. 4. 24.

꿈 찾는

지나온 밤의 꿈을
아침에 잊었다
나이 탓일까 아쉬워
찾으러 길 가느라
풀숲에서 그만 놓치고
이슬 떨어지는 소리에
고요를 깨트리는 세상 마구
놀라 울리는 종소리 바람은
제 맘대로 멀리서
가져오는 소식이라
다시 꿈 가는 길을
알려 주겠다는 손짓에
아쉽지만 웃고 말았다

2017. 4. 25.

심야곡

밤을 가로질러
가는 곳 멀리
은하수는 항상
이름 달라 물살로
흐르는 청청(淸淸) 소리
계곡은 깊어 어둠인데
바라보는 천지사방
할 말 접어지는
눈 뜨는 방황
길이 없다

2017. 4. 26.

모습 판별법

1. 발

어쩌다 무심히
두 발을 내려다보니
주름 앙상한 형상
한 걸음 땅을 밟아
먼 길 걸어오느라
이력으로 굳어진 초라
그래도 대견스런
내 발가락들
세상을 짊어지고
머나먼 길
예 이른
운명

2. 손

점차 엉겅퀴
불쑥거리는 핏줄사이
강물이 소리죽여 흐른다
온갖 이름들과 만나고

체온을 나누면서 지나온
이유가 침묵으로 잠자듯
지금도 머리와 연결된 통로
길을 만들면서 명령에 따르는
내 살아 있음을 쓰는
자서전의 진행형

3. 얼굴

이젠 늙었다고 한다
무료 지하철을 타서가 아니고
어르신이라는 말을 들어서가 아니고
지팡이를 들어서가 아니고
주름살 깊어지는 무수한 실 강
조근거리는 소리 들리는
여윈 지도에 담겨진
시간의 소리 쪼그라드는
물기 마른 날들
감기는 눈을 들어 멀리
산마루 바라보는 그래도

바람 앞에서 흔들리는
추억을 붙잡고 싶은
꽃들 앞에서는
화안한 표정

4. 음성

한 때는 내가
내 목소리를 듣고
쟁쟁하구나했다 이젠
내 귀로도 희미한
안타깝다 소리 세상이
점차 문을 닫는 것인가
자우룩한 시야에
어른거리는 풍경이라
다시를 묻는 재촉에
풀어지는 탄력
노래가 섧구나

5. 눈

멀어지는 안개
자욱한 숲에서
어른거리는 경치 몇
경계 없는 색채
초점 잃은 원근
방황하는 신음으로
벼랑아래 선
고독

2017. 4. 26.

제18부

노래여 돌아오라

노래여, 돌아오라

하늘로 떠난 내 노래여
이젠 돌아오라 세상
어딘가 멀리 들리는
그리움 목말라 가슴 젖은
이유를 묻지 마시고 그냥
마음 돌려 돌아오라

한적한 바닷가 마을에
주저앉아 파도를 바라보는
기억 회오리가 춤추는 멀리
떠나간 노래의 뒷자락
돌아올 길을 물어
흔들림 이유 없는 길
찾아오는 이름이려니

떠난 노래의 굽이굽이
결 고운 등성이 쯤
무작정 서서 세상
모두 담아 행복한
저녁놀 캔버스에
그리움을 그리오니
돌아와 춤을 추어다오

2017. 4. 26.

바람의 지휘

신기하다 바람 앞에
너훌거리는 몸짓들 지금
일사불란으로 잘 갖춘
세상은 협연이 한창인데
분홍 빨강 노랑 흰색 초록
무채색과 유채색이 합하여
조화의 리듬을 끌고
바람에 순응하는 풍경 속엔
한 계절이 가고 있고 멀리
다음 계절이 걸어온다
오고가고 그리고
장면이 바뀌는
질서

2017. 4. 26.

길은 있다

어둠이 가로막아
없어진 길 그러나
장막을 헤집으면 길은
또 웃고 있다 포기는
어둠을 초청하는 일이라
접어 주머니에 넣고
눈을 뜨고 걸음을 재촉하면
곧게는 아닐지라도
그대가 선택한 비탈길에
꽃들도 웃고 있는 여백에
그림을 그리는 일은
해야 할 일 인생은 항상
어둠을 걷어 다만 앞으로
가는 일이 전부인 것을

2017. 4. 27.

풍경

논물 찰랑 봄 깊어지는
뻐꾸기 울음 시작 무렵
골골 가쁜 손길
바람이사 달아나는 물결
파문으로 너울춤에
어디까지 갈 모양인지
길 바쁜 세상은 저마다
할 일 분주로 산은 이미
완연한 푸른 준비
여름은 한발을 내딛고
눈치로 하루가 다르다

2017. 4. 27.

꽃 앞에만 서면

나는 저 꽃들 앞에 무슨
웃음을 웃어야 하나
따라할 수 없어 곤혹한
표정을 바꾸려 땀을 흘려도
꽃들 근처에만 가면 멈추는
아픔도 이유를 몰라
차라리 바라만 봅니다
그뿐이면 접어 좋으련만
향기로 휘감아 요염 같은
미소로 돌변한 속살내음
가슴 졸이다 넋을 놓고
멍한 두 눈동자에 멈추는
이도저도 못하는 심사에
애타는 이유가 길을 잃었습니다

2017. 4. 27.

정적(靜寂)을 만나서

꽃잎이 지는 날
나무의자에 앉아 바라보는
세상은 요란에 목말라 아우성인데
바람을 맞아 머리칼 날리는
이 한가는 뉘 것인가
졸음이 끌고 오는 먼 나라
시름시름 떠나는 길에
나는 세상과 떨어진 고독
섬이 된 파도와 인연을 붙잡고
흐르는 물살 아쉬움 없는 하루는
다시 무사를 남기고 가려는
고요도 지키는 것이라
정적(靜寂)과 나란히 누워
하늘을 나는 꿈
깊어도 좋습니다
지금은

2017. 4. 28.

어둠의 자유

어둠을 입으면
편안하다 어머니
그렇게 키우신 따스함
돌아갈 길 없는 사위(四圍)에
하릴 없이 어둠 속
깊이깊이 빠질수록
마음 가벼워지는 무게

어둠에 평등을 느끼노라
눈을 뜨거나 감거나
이치가 공평한 수평
사랑을 만나면 어떨지
빛없는 미모를 앞세워
어둠을 입은 무사의 안내
먼 길 두려움 없이 가는
이젠 자유가 물결로 다가오네
그렇다고 끄덕이네

2017. 4. 28.

낙화 시나브로

복사꽃이 날리고
덩달아 지친 민들레
어딘가 정착지 찾아가는
동서남북을 모르는
머물 곳 어딜까
웃고 지나도 다시 웃는
꽃 앞에 마음 줄 놓아
봄날은 그렇게 간다
돌아볼 것 없는 이유
앞에 뒤에 옆에 또 옆에
어딜 봐도 꽃 천지 세상
화려한 임종을 앞둔
꽃들이 표정 없이 지금
시나브로 꽃잎이
떨어진다

2017. 4. 28.

이 땅에 살면서

숙명을 거스를 수 없는
어머니를 바꿀 수 없는
그런 길에서 평안하고
행복을 꿈꾸는 일
당연지사이거늘
사랑하고 아끼면서
모두어 사는 일
가슴을 열어야 하는데

한발 뒤로 물러나
늦게 오는 사람들을
기다릴 줄도 알아야 하고
손을 내밀어 마음을 전하는
따스하면 내 몸도 그렇거늘
홀로 앞으로 나가다 넘어지는
슬픔은 혼자만의 슬픔이 아닌
우리의 울타리를 위해

손을 내미노니
이 땅에 살면서
손을 내미는
우리를 위해

2017. 4. 29.

사월이 가네

봄이 가네
사월이 가네
그 많은 꽃 소식 마음
붉게 온갖 물들여 놓고
저 홀로 가네
사월이 가네

뒷자락 허전이 겨워
어쩔 줄 몰라 어정이는
마음 따라가고 싶지만
길 몰라 다시 어정이는
사월이 가네
꽃들이 가네

엎질러진 녹음
천지분간 어려운 녹음
누군가 치우라고
마음 흔들어 물살 되는
세상이 가네
사월이 가네

2017. 4. 29.

제19부

풍경에 매달린 물고기 두 마리

오월이 오네

빛나는 이유밖에 없는
오월 세상이 오네
가득 가슴 길 열리고
꿈길이 막히면
쉬다 다시 가는
문 두드림도 없이
세상 오월이 오네

문 열어 바람들이고
마음 열어 기다림 세운
웃는 이름 가득해서
부끄러운 세상 꽃들은 지고
자리 잡으려는 열매들
햇살에 키우는
오월이 오네 그리움도
함께 오려네

2017. 4. 29.

정원

떠날 수가 없네
이 풍경
이 풍광을 두고
남들은 멀리 이국
눈 바쁜 소식들
지나지나 끌려 다닌
몇 번도 있었지만
돌아와 바랜 기억
사진 몇 장의 필름
간직한 것 추억인데 이젠
떠날 수가 없네
아름다움이 넘치는
이 광경
이 정든 경치를 두고는

2017. 4. 29.

놀람 교향곡

일제히 터뜨리는
저것들
나무나 꽃들은
무슨 약속을 했길래
발길 맞춰 놀람을 주는
무슨 코미디 연습인가
어깨 들썩이고
엉덩이 바람 일어 웃기고
말하는 것은 사람만이 아닌
세상사는 것들 모두
놀람의 재주가
남다른 것을 이제
나이 들어 아는 일
우둔을 용서하라

2017. 4. 29.

풍경에 매달린 물고기 두 마리

풍경에 매달린
물고기 두 마리
바람 앞에서 몸살을 한다
두드리고 맞고
엄살이 아닌 신음 고통
종소릴 주고
울고 있는
청아(淸雅)
청아
효녀 심청이는
물에 빠진 것이 아니라
세상의 바다 여전히
효녀의 눈물을 만들어
종소리 되는 것을

2017. 4. 29.

철학의 높이

철학은 하늘에 있는 줄 알았다
땅의 신음이 아니라 높은
하늘의 소리로 쓰여진
철학은 천공(天空)에서
떨어진 소리 같아
항상 멀리 떨어져서
읽어야하는 줄 알았다
살아 사노라 고뇌와
때로는 신음을 엮어
굴비 말리 듯 꼬들한 모양
구워먹는 맛을 아는 즈음엔
철학도 사노라 신음하고
절규하는 일들이
모이면 된다는 것을 알고
날마다 철학을 하느라 요즘은
때늦어 열공 중이라니

2017. 4. 29.

웃음

노랑 꽃밭에서는
노랗게 웃고
흰 꽃 앞에서는
하얗게 웃고
빨간 꽃밭에서는
빨갛게 웃는
오토매틱 웃음
짧은 봄날 웃노라
보내는 어느새
달아났어 모두들
어딜 갔나

2017. 4. 29.

누가 마중 나올까

누가 마중 나올까
세상 끝 낭떠러지에서
눈감고 뛰어내리면
구름이 받아줄까 아니면
바람에 날려 표표(漂漂) 멀리
가뭇없이 사라지는 어딘가
어둠의 구렁에서 느닷없이
환해지는 이곳과 저곳의
경계선에서 한 발 앞으로
나아가면 누가 반겨줄까
누가 마중 나올까 세상
사람들 직업 중에 이 경계를
팔아 의젓하게 사는 사람도 있지만
오늘도 모르는데 내일의
설계도를 파는 일은 무모라
어느 날의 일이 지금은
사뭇 궁금하기만 하다

2017. 4. 30.

누구나 가는 곳은 안 간다

누구나 간다는 곳은
안가겠다 손 모아 모두
가고 싶다 기원을 드리는 곳
너무 많은 사람들의 아우성이
틀림없을 것이려니
차라리 철썩이는 외딴섬
한적한 고요를 받들고
자유롭게 사는 그 곳에서
두 발 뻗어 세상 편히
손가락으로 구름장 갯수나 셈하는
무지랭이 낙제생이 되더라도

2017. 4. 30.

마음 세탁

너무 오래 쓴 마음을 꺼내
깨끗하게 세탁하여
볕 좋은 날 하얗게 말려
다시 집어넣고 싶다
한 번도 세탁한 적이 없는
때 묻어 시커먼 그리고 굳은
마음을 부드럽게 아울러
옅은 색깔도 조금 가미하여
수수하게 치장을 하고
밝은 표정 꿈꾸는 이름으로
다시 빨아 넣을 수 있다면
따라오는 내 영혼의 발자국도
기뻐할 것인데

2017. 5. 1.

바람의 비망록

세상 끝을 다녀와도
흔적이 남지 않는
홍길동의 축지법이나
손오공의 여의봉으로
마음 사이를 오가는 아니
장자의 시침으로 세상을 훤히
건너가는 길을 일찍이 알아도
강물의 깊이를 결코
알려준 적이 없는
가벼움의 몸무게
삼복염천에 스미듯 다가와
머리카락 몇 날리는
그 시원함을 기록하노라면
흔적도 없이 사라지는
겸손의 깊이를 알고 싶어
눈을 뜨고 지켜도 결코
보이지 않는
묵시록

2017. 5. 1.

제20부

꽃이 진 날의 위안

또 호민론

혁명을 하고 싶다
빗자루를 들고 싹쓸이
모조리 모아 시궁창
싹싹 쓸어 넣고 싶다
욕심 정치가
모리배
공부 안하는 교수
천민 공화국
성형의 나라 잘난 사람과
분장한 사람 모두 골라
무슨 청 교육대 땀 흘리는
가치를 알게 혁명공약을
거창하게 나열하고
검은 안경에 눈 가리고
(그런 사람이 있었다)
혁명을 하고 싶다 그러나
권력은 관심 없음.

2017. 5. 1.

완력

봄이 동산을 넘어가자
누가 오라 청했나 급히
도망 오듯 숨어온 여름
히죽거리는 표정으로
오히려 꽃들 앞에
지시에 따르라는 포고에
시나브로 떨어지는 목숨들
땀 흘리는 태양에게조차
자리 오래 지키라는 명령에
간섭 싫다고 앙탈을 부릴 때
구름 한 장이 가져온 이슬비가
천지를 적시는 평정
힘만으로는 안 되는 것도
있긴 있다

2017. 5. 2.

인연법

모르는 일을 뒤에
아는 일로 정리되는
이상한 논리가 숨어
길을 만드는 숲엔 원래
예정된 계획서의 펼침
앞에서는 모르고 뒤로
한참을 지나야 아는
내비게이션의 안내
믿음 일 때 안심하고
길을 가게 된다 그대
스치는 바람이라하자
그 바람의 자락에 달린
종소리 따라 어딘가로 가는
발길 피곤하더라도 이젠
그대 있음을 알아
숙면에 들고 싶다 정말
그러고 싶다

2017. 5. 2.

이유 정리법

나는 누구에게도 구원을
부탁한 적이 없다
내 운명의 아픔을
호소한 적도 없다
죄를 짓지 않고 열심히 살려
노력한 이유는 있다
자유의 깃발을 휘날리는 바람
그 바람의 언덕에 올라 세상
무애(無涯)의 나래를 위해
그때는 기도하고 싶었다

나는 누구에게도 얽매이는 줄에
끌려가는 일을 한 적이 없다
두 발로 자유롭게 어딘가로 가는 이유를
결코 변명한 적이 없다
가두고 명령하고 따르라 억제하고
심지어 돈이 존경으로 둔갑하는 그런
조건을 거절하는 내 생의 길은
자유보다 더 고귀한 것이 없는
그 이유를 위해 날마다 일기장의 제목을
소상히 적어가는 변명만 내 것
그 소유권을 좋아하고 살았다

2017. 5. 2.

일상 넘어가기

서울을 떠나 살면서
흙 부드러운 작은 텃밭에
채소를 심어 계절을 먹고
바뀌는 때마다 피어나는
꽃향기나 맡으면서
어슬렁거리는 이 생활
부족함이 없네 가끔
이웃 가축 냄새도 때로는
사는 이유를 설명하는 긴장
풀들의 향기를 전달받아 아침이면
싱긋한 신문활자로 창문을 내고
세상 잘 있음을 비로소 아네
둘이 나누는 음성 토운이 높아지고
귀를 세워 다시 묻는 일도
싸움 같아 지나고 나면 다시
바라보는 일에 심심풀이
내일 일이야 걱정이 없어
바람이 불어오면
나무들의 춤이나 셈하면서
시를 붙잡고 하소연하는
날마다 숙제는 꾸중 없이 넘어가는
이렇게 사는 일도 꿈꾸는 일 아닐까

2017. 5. 3.

꽃이 진 날의 위안

꽃이 핀 날은 마음 가볍더니
바람의 장난으로 꽃이 진 날은
무거운 마음 둘 곳이 없어
허전을 불러 어찌할까
조바심이 애타는 날에
먼 산 녹음에 앉은
푸른 이유를 보고
마음 다잡아 앉히고
이것도 좋으니 함께
바라보자 말 했더니
눈이 시원하니 마음도
그렇다고 웃습니다

2017. 5. 3.

낙원 탐방기

낙원이 있다기에
모든 책들을 찾아
어디 있는지
찾아 나섰습니다
강도 건너고 산도 넘어
땀을 흘리면서 종일
다시 종일을 헤매는데도
길이 보이지 않아
첨단 내비를 켜고 묻고
다시 물어도 모른다는 말에
체념을 접어 집으로 돌아와
피곤을 데리고 잠이 들어
또 다시 찾아 나선 길, 길이
어딘가 머무는 곳에 왁자히
환영의 소리를 듣고 그만
꿈을 놓치고 깨어보니
내 집 안방이었습니다

2017. 5. 3.

도솔천

부처님 오신 날에
오색 연등 화려 장식
마음 향하는 서녘 도솔천
눈물 같은 깊이에 기껏
허우적이는 발 아픈 오늘
끌고 가야하는 무게로
땀만 흘리는 허무의 짊
무지개 바라는
두 눈에
하늘

2017. 5. 3.

하루 그리고 마침내

어디서 올지 모르는 빗줄기가
검은 구름 속에 숨어서
어려운 계산을 하고 있는지
봄 땡볕 열사(熱沙)로 내려오는
종일 때 이른 여름 색
기다림조차 고달픈 고개
쓰러진 나무에 딱따구리는
배고픔을 면하려는
소리조차 아름다운 사연
세상을 위로하는지 멀리
끝까지 책임지고 넘어가는
황혼에 무슨 변명을 심으랴
달무리 따라오면서
제가 왔습니다 발길 따라
반갑다 바람아, 고와서
아름답고 서러운
이름들아

2017. 5. 3.

나의 계산서에는

나는 지금
지는 해를 바라보면서
명상의 숲에서 나올 줄 모르는
헤매는 것도 아름다움이라
기다림의 볼륨을 높여
망연함에 떠도는 길에서
묻지 않고 그냥 헤매고 있노니
흔들리는 세상은 점차 희망이
절망을 곁에 두고 위로하는
가역반응의 계산서를
카드로 지불하고 돌아서는
시원한 이유에는 내가
지불금지가 아니라는 안도감
돈은 나를 위로하느라 항상
조바심에 깊은 강을 건넙니다
그러나 마지막에 설 때
내 표정을 가늠하는 높은 낭떠러지
아무도 없는 쓸쓸한 노래를 내가
위로처럼 불러야 한다는 의무에서
내 계산의 끝은 슬픔입니다
두고 갈 것이 없는 다시
아픔입니다

2017. 5. 3.

문학세계대표작가선 838

초인의 노래

채수영 제29시집

인쇄 1판 1쇄 2018년 1월 25일
발행 1판 1쇄 2018년 2월 1일

지 은 이 : 채수영
펴 낸 이 : 김천우
펴 낸 곳 : 도서출판 천우
등　　록 : 1992. 2. 15. 제1-1307호
주　　소 : 서울시 성동구 무학봉28길 6 금용빌딩 2F
전　　화 : 02)2298-7661
팩　　스 : 02)2298-7665
http://moonhak.wla.or.kr
E-mail : chunwo@hanmail.net

값 13,000원

ISBN 978-89-7954-704-7

이 도서의 국립중앙도서관 출판예정도서목록(CIP)은 서지정보유통지원시스템 홈페이지(http://seoji.nl.go.kr)와 국가자료공동목록시스템(http://www.nl.go.kr/kolisnet)에서 이용하실 수 있습니다. (CIP제어번호: CIP2018003134)